신심명 강설
지혜로운 삶1

우학스님의 신심명 강설, **지혜로운 삶1**

―
2013년 2월 15일 초판 발행
2013년 8월 30일 재판 1쇄

―
글　　　無— 우학 스님
녹취　　이상희(128), 다음카페 불교인드라망 기자단
교정　　보련화(호주 시드니도량)
사진　　은빛여우(포토매니아)
―
펴낸곳　도서출판 좋은인연 (한국불교대학 부속 출판사)
　　　　편집 / 김현미 김소애 손영희 모상미
　　　　등록 / 제4-88호
　　　　주소 / 대구 남구 봉덕3동 1301-20
　　　　전화 / 053-475-3707~6 팩스 / 472-6268
　　　　홈페이지 / www.TVbuddha.co.kr
―
ISBN　978-89-93040-41-8
정가　11,000원

―
＊도서출판 좋은인연에서는 해외포교를 위하여 영어번역 봉사하
　실 분을 모집합니다.
＊잘못된 책은 구입처에서 교환해 드립니다.

신심명 강설
지혜로운 삶 1

無一 우학 스님

지혜로운 삶 1

"信心不二 不二信心, 믿는 마음은 둘이 아니요 둘이 아닌 것이 믿는 마음이다"

受而不留
받아들이되 머물지 않는다

草書千字

신심명 강설
『지혜로운 삶』을 내면서

    시골에서 장손으로 태어나 출가하는 일은 그리 쉽지 않았다. 행자 생활 중에도 가족 및 친척들이 찾아와 집으로 돌아가자며 몹시 성가시게 했다. 대중 스님 및 동료 행자들 보기에도 민망스럽고 난감할 지경이었다.
    그렇지만 출가는 분명한 나의 길이었다. 중, 고등학교 시절부터 나는 가까운 지인들에게 출가하겠다는 말을 간간이 흘렸다. 그것은 틀림없는 전생부터의 불연佛緣이었다. 출가를 해서 좀 더 큰 삶을, 좀 더 자유로운 인생을 구가해야겠다는 나의 의지는 날이 갈수록 점점 더 굳어졌다.

    드디어, 대학에서 한의학을 공부하던 중 세속의 모든 것을 접고 출가를 결행하였다. 그렇지만 장손의 인연은 끈질겼다. 칠십이 넘으신 호호백발의 할머니께서 통도사까지 찾아오시어 '내 제사는 장손이 지내야 되지 않느냐'고 다그쳤다.

나는, 찾아오는 사람들을 피해 당분간 작은 암자로 피신하기도 하였지만 끝내는 스님이 되었다.

어렵사리 절 집안에 살다보니, 마음 바탕에는 늘 '정말 열심히 해야겠다'는 생각이 있었다. 빠른 시간 안에 어떤 성과를 내지 못하면 세속의 가족과 문중에 큰 죄를 짓겠다는 강박관념이 나의 심신을 옥죄었다. 그래서 스님이 된 이후 나의 진로는 갈팡질팡하였다.

'오직 도道'를 찾아 헤매었다…. 도! 도! …

당시의 관행대로 먼저 강원을 기웃거리다가 만족하지 못하고 곧 뛰쳐나왔다. 다음, 불교대학에 들어가 나름대로 용심하였으나 그곳에서도 내가 원하는 답을 얻지 못하고 1학년 도중에 휴학하였다.

다시, 통도사 주지로 계시던 은사 스님을 시봉하다가 송광사 대중 선방인 수선사修禪社로 향했다.

당시 송광사는 중창불사로 살림이 매우 궁핍하였다. 그러나 마음공부를 해 보겠다는 대중들이 유례없이 많이 모여들어서 공양하는 큰 방이 비좁았다. 옆 사람과 무릎을 겹쳐 앉아 겨우 한 술 밥을 뜰 정도였는데 나오는 반찬조차 아주 성글었다. 두부전 한 조각도 그리 귀하고 고마웠다. 하지만 외국인 스님들도 많아서 공부 분위기는 매우 좋았다.

그때, 송광사 방장 스님께서 '소참법문'으로 약 한 달간 매일같이 1시간씩 강의해 주시던 내용이 신심명이었다. 생전 처음 접하는 신심명이었지만 간결하고 분명한 말씀에 많은 감화를 받았다. 나름대로 큰 공부가 되었다.

가족에 대한 미안함과 공부에 대한 열정이 가득하던 시절의 신심명! 나에게는 더없이 소중하고 은혜로운 말씀들이었다.

이러한 깊은 인연을 바탕으로 후일 본인이 직접 신심명 강의를 하게 되었는데, 여기 이 신심명 강의집 『지혜로운 삶』은 5년 정도에 걸쳐서 완성되었다. 선방에서 나와 한국불교대학 大관음사에서 해제 법문 삼아 몇 구절씩 하다 보니 시간이 길어졌다.

이 책은 녹취하였다. 때문에 현장감이 있다고 보인다. 내용을 이해하는 데도 오히려 장점이 될 것 같다는 생각이 든다.

이 책 출간에 관계하신 모든 분들께 깊은 감사를 드리며, 독자 여러분들에게도 인연 공덕의 감사를 드립니다.

불기 2557년 한국불교대학 大관음사 정진실에서

無一 우학 합장

차례

✠

머릿말
008

Ⅰ

신심명 전문
017

Ⅱ

들어가기
023

Ⅲ
신심명 강설

지도무난 유혐간택 단막증애 통연명백
044

호리유차 천지현격 욕득현전 막존순역
051

위순상쟁 시위심병 불식현지 도로념정
057

원동태허 무흠무여 양유취사 소이불여
064

막축유연 물주공인 일종평회 민연자진
072

지동귀지 지갱미동 유체양변 영지일종
083

일종불통 양처실공 견유몰유 종공배공
094

차례

다언다려 전불상응 절언절려 무처불통
100

귀근득지 수조실종 수유반조 승각전공
107

전공전변 개유망견 불용구진 유수식견
122

이견부주 신막추심 재유시비 분연실심
130

이유일유 일역막수 일심불생 만법무구
141

무구무법 불생불심 능수경멸 경축능침
150

경유능경 능유경능 욕지양단 원시일공
161

일공동양 제함만상 불견정추 영유편당
167

대도체관 무이무난 소견호의 전급전지
174

집지실도 필입사로 방지자연 체무거주
184

임성합도 소요절뇌 계념괴진 혼침불호
193

불호로신 하용소친 욕취일승 물오육진
205

육진불오 환동정각 지자무위 우인자박
216

법무이법 망자애착 장심용심 기비대착
227

미생적란 오무호오 일체이변 양유짐작
244

몽환공화 하로파착 득실시비 일시방각
253

안약불수 제몽자제 심약불이 만법일여
262

지혜로운 삶1

I
신심명 전문全文

至道無難이요 唯嫌揀擇이니 但莫憎愛하면 洞然明白이로다
지도무난 유혐간택 단막증애 통연명백

毫釐有差하면 天地懸隔하나니 欲得現前이든 莫存順逆하라
호리유차 천지현격 욕득현전 막존순역

違順相爭이 是爲心病이니 不識玄旨하면 徒勞念靜이로다
위순상쟁 시위심병 불식현지 도로념정

圓同太虛하여 無欠無餘어늘 良由取捨하여 所以不如라
원동태허 무흠무여 양유취사 소이불여

莫逐有緣하고 勿住空忍하라 一種平懷하면 泯然自盡이라
막축유연 물주공인 일종평회 민연자진

止動歸止하면 止更彌動하나니 唯滯兩邊이라 寧知一種가
지동귀지 지갱미동 유체양변 영지일종

一種不通하면 兩處失功이니 遣有沒有요 從空背空이라
일종불통 양처실공 견유몰유 종공배공

多言多慮하면 轉不相應이요 絶言絶慮하면 無處不通이라
다언다려 전불상응 절언절려 무처불통

歸根得旨요 隨照失宗이니 須臾返照하면 勝却前空이라
귀근득지 수조실종 수유반조 승각전공

前空轉變은 皆由妄見이니 不用求眞이요 唯須息見이라
전공전변 개유망견 불용구진 유수식견

二見不住하고 愼莫追尋하라 纔有是非하면 紛然失心이니라
이견부주 신막추심 재유시비 분연실심

二由一有니 一亦莫守하라 一心不生하면 萬法無咎니라
이유일유 일역막수 일심불생 만법무구

無咎無法이요 不生不心이라 能隨境滅하고 境逐能沈하며
무구무법 불생불심 능수경멸 경축능침

境由能境이요 能由境能이니 欲知兩段인댄 元是一空이라
경유능경　　　능유경능　　　욕지양단　　　원시일공

一空同兩하여 齊含萬象이로다 不見精麤어니 寧有偏黨가
일공동양　　　제함만상　　　불견정추　　　영유편당

大道體寬하여 無易無難이어늘 小見狐疑하여 轉急轉遲로다
대도체관　　　무이무난　　　소견호의　　　전급전지

執之失度라 必入邪路요 放之自然이니 體無去住니라
집지실도　　필입사로　　방지자연　　　체무거주

任性合道하여 逍遙絶惱하고 繫念乖眞하면 昏沈不好니라
임성합도　　　소요절뇌　　　계념괴진　　　혼침불호

不好勞神하면 何用疎親가 欲趣一乘인댄 勿惡六塵하라
불호로신　　　하용소친　　　욕취일승　　　물오육진

六塵不惡하면 還同正覺이라 智者無爲어늘 愚人自縛이로다
육진불오　　　환동정각　　　지자무위　　　우인자박

法無異法이어늘 妄自愛着하여 將心用心하니 豈非大錯가
법무이법　　　　망자애착　　　장심용심　　　기비대착

迷生寂亂이요 悟無好惡이니 一切二邊은 良由斟酌이로다
미생적란　　　오무호오　　　일체이변　　　양유짐작

夢幻空華를 何勞把捉가 得失是非를 一時放却하라
몽환공화　　하로파착　　　득실시비　　　일시방각

眼若不睡하면 諸夢自除요 心若不異하면 萬法一如니라
안약불수　　　제몽자제　　　심약불이　　　만법일여

一如體玄하여 兀爾忘緣이어다 萬法齊觀에 歸復自然이니라
일여체현　　　올이망연　　　　만법제관　　　귀복자연

泯其所以하여 不可方比라 止動無動이요 動止無止니
민기소이　　　불가방비　　　지동무동　　　동지무지

兩旣不成이라　一何有爾리요　究竟窮極은　不存軌則이요
양기불성　　일하유이　　구경궁극　　부존궤칙

契心平等하여　所作俱息이로다　狐疑淨盡하면　正信調直이라
계심평등　　소작구식　　　호의정진　　정신조직

一切不留하여　無可記憶이로다　虛明自照하여　不勞心力이라
일체불류　　무가기억　　　허명자조　　불로심력

非思量處라　　識情難測이로다　眞如法界엔　無他無自라
비사량처　　식정난측　　　진여법계　　무타무자

要急相應하면　唯言不二로다　不二皆同하여　無不包容하니
요급상응　　유언불이　　　불이개동　　무불포용

十方智者가　皆入此宗이라　宗非促延이니　一念萬年이요
시방지자　　개입차종　　종비촉연　　일념만년

無在不在하여　十方目前이로다　極小同大하여　忘絶境界하고
무재부재　　시방목전　　　극소동대　　망절경계

極大同小하여　不見邊表라　有卽是無요　無卽是有니
극대동소　　불견변표　　유즉시무　　무즉시유

若不如此인댄　不必須守니라　一卽一切요　一切卽一이니
약불여차　　불필수수　　일즉일체　　일체즉일

但能如是하면　何慮不畢가　信心不二요　不二信心이니
단능여시　　하려불필　　신심불이　　불이신심

言語道斷하여　非去來今이로다
언어도단　　비거래금

僧璨大師
승찬대사

지혜로운 삶1

Ⅱ
들어가기

들어가기

　　『신심명信心銘』은 처음 발심할 때로부터 마지막 구경 성불할 때까지 가져야 하는 신심에 대해서 선종의 제 삼조 승찬僧璨 대사가 지은 시문詩文입니다.

　　이『신심명』은 육조 혜능慧能 대사의『육조법보단경六祖法寶壇經』, 혜능 대사의 제자 남악회양南嶽懷讓으로부터 뻗어 나간 임제종의 스님 대혜종고大慧宗杲의『서장書狀』과 더불어 선종의 교과서로 불릴 정도입니다.『신심명』을 보면 삼조 승찬 스님께서 선禪, 교敎에 모두 능통하였음을 알 수 있습니다. 수많은 경전과 그의 스승, 스승의 스승인 달마達磨의 가르침을 요약해서 글로 내놓은 것으로『신심명』만 잘 봐도 불교의 대의를 금방 파악할 수 있습니다. 또한 이『신심명』은 글 자체가 뛰어날 뿐만 아니라, 우리의 신심이란 도道의 본원本願이며 진여법계眞如法界에 사무쳐야 하는 것이기 때문에, 우리 수도인의 좌우명이기도 합니다.

　　『신심명』은 사언절구四言絶句로 총 146구 584자의 비교적 짧은 글입니다만 '간단하고 명료하며, 직절直截하게 선리禪理의 극치를 노래한 책'이라 모두가 그렇게 평합니다. 그 말은 팔만대장경의 심오한 불법도리와 천칠백 공안의 격외도리가 모두 포함되어 있다, 이런 뜻이라고 보면 됩니다. 특히 운문체이다 보니 그 내용의 뜻이 아주 무궁무진합니다. 시詩라는 것은 많은 의미를 압축해 놓아서 사람의 근기에 따라서 여러 해석이 나올 수 있기 때문입니다.

신심명, 경의 이름이 가진 뜻

『신심명』은 한자로 믿을 신信, 마음 심心, 그리고 새길 명銘입니다. 신은 우리가 보통 '신심 있다'라고 말할 때의 '믿음'이라는 뜻입니다. 그래서 '신심'은 '믿는 마음'이란 뜻입니다.

'저 불자는 참 신심 있어' 이런 소리를 듣고 살면 좋겠지요? 절에 조금만 일찍 나와도, 시주를 많이 해도, 법당이나 화장실 청소와 같은 봉사를 열심히 해도 '저 법우는 참 신심 있어!' 그런 소리를 하지요. 절에서 이루어지는 봉사 활동에 적극 참여하거나 삼천배를 열심히 하거나, 재일에만 열심히 동참해도, 공부시간에 안 빠지고 열심히 나와도 다 신심 있다는 소리를 듣습니다.

제가 한번 물어보겠습니다. '신심 있다'는 소리를 한 번이라도 들어본 적이 있다, 없다 어느 쪽입니까? 어느 쪽이라도 자신

있게 대답할 수 있어야지요. 지금까지는 없었다 하더라도 자신 있게 대답할 수만 있어도 가능성 있습니다. 당당하게 말하는 것도 의욕이 있다는 말이지요. 그래서 매사에 의욕이 있고 열심히 할 때 '신심 있다'는 소리를 듣습니다. 무슨 일을 하더라도 신심 있게 해야지요. 염불하는 것도 신심 있게 하고 공부하는 것도 신심 있게 하고 심지어는 밥 먹는 것도 신심 있게 해야 합니다.

제 도반 하나가 아주 어릴 때 절에 들어와서 그런지 매너리즘에 빠져서 하는 일마다 매사 의욕이 없어요. 한 끼 밥 주면 그것도 먹는 둥 마는 둥 밥을 찌질찌질 먹고 그랬어요. 그래서 우리가 늘 '일찍 절에 들어왔다 뿐이지 염불하는 것도 참선하는 것도 공부하는 것은 물론, 밥 먹는 것조차 어쩜 그렇게 신심이 없냐'고 핀잔을 주었던 기억이 있습니다.

잠자는 것도 좀 신심 있게 자면 좋잖아요? 신심 있게 자는 게 뭐겠습니까? 우리 마음 가운데는 각자 자기 부처님을 모시고 있어요. 놀 때는 제대로 놀아야지 자기 부처님이 신나 하는 것이고, 공부할 때는 신나게 공부해야지 자기 부처님이 공부에 아주 재미를 느끼는 것이며, 자는 것도 신나게 좀 자야지 자기 부처님이 푹 쉴 수 있는 것입니다. 그런데 낮에 활동할 때는 어영부영하다가 밤이 되면 온갖 망상이 뒤끓습니다. 그래서는 잠을 잘 못 자지요. 괜히 부처님도 푹 쉬지 못하게 하고 자기도 피곤해요. 그래서 신나게 잠잔다는 것, 신심 있게 잔다는 것은 낮에 열심히 활동하고 잠잘 때는 딴 생각 말고 오직 잠만 자는 것입니다. 잠자는 시간에 자꾸 이 생각 저 생각해서 자기 부처님을 밤까지 피곤하게 하는 것, 이것이 신심 없이 잠을 자는 겁니다. 이렇게 우리는 뭐든지 신심 있게 해야 합니다.

신심만 있으면 나태해지지 않습니다. 웬만하면 기도하러 옵니다. 내 몸이 좀 불편하더라도 웬만하면 도반을 생각해서라도 이미 예정되어 있는 봉사활동에 나옵니다. 신심이 없으니까 핑곗거리가 많은 겁니다. 집에 일이 있어 못 가고 아이 때문에, 남편 때문에 못 간다며 자꾸 핑계를 대지요. 공부도 그렇습니다. 하릴없이 집에서 게으름 피우느라 안 나옵니다. 한마디로 신심이 없는 거지요. 몸 아픈 것도 열심히 다니다 보면 마음에 기쁨이 일어나서 병도 낫습니다. 그러니 아프다는 것도 핑계지요. 우리가 신심이라고 할 때는 이처럼 일반적인 신심을 많이 이야기합니다.

그런데 『신심명』의 신심은 그런 차원이 아닙니다. 신信, 해解, 오悟, 증證 전체를 통하는 신信, 믿음입니다.

자세하게 살펴보면 먼저 '신'에 대해 많은 해석이 있는데 그 가운데서 가장 골격을 이루는 말이 '신위도원공덕모信爲道元功德母'입니다. 『화엄경』에 나오는 구절로 이 구절 중에 있는 원 자는 한문으로 '근원 원源'을 쓰기도 하고 '으뜸 원元'을 쓰기도 합니다. 그래서 '믿음은 도의 근원이요, 공덕의 어머니다' 또는 '믿음은 도의 으뜸이요, 공덕의 어머니다' 이렇게 해석해도 큰 차이가 없습니다.

다음으로 『신심명』의 심心은 마음을 뜻합니다. 이 마음에 대해서는 예로부터 많은 해석을 해 왔습니다. 너무나 절대적인 말이기 때문에 이 심心을 자아, 생명, 심지어는 그림자 없는 나무라고도 말합니다. 보통의 중생심으로서는 접근이 안 되는 그런 마음자리, 영원한 자기 자신의 마음자리를 의미하는 것이지요.

그래서 『신심명』의 신심은 자기의 참마음자리를 믿는 것을 말합니다. 자기 마음 가운데의 부처님을 믿는 것입니다. 자기 마음, 진실의 자리를 믿는 것입니다. 이 마음은 둘이 아닌 마음, 중도의 자리에 앉은 마음, 모든 대립을 초월한 자리의 마음입니다. 그러면서도 모든 것을 다 포섭하는 마음이고 모든 우주 진리를 깨친 마음이고, 절대적인 마음인 겁니다.

이를 『신심명』에서는 '신심불이信心不二 불이신심不二信心' 즉 '믿는 마음은 둘이 아니요, 둘이 아닌 것이 믿는 마음이다' 라고 하였습니다.

다시 한 번 말씀드리지만 우리는 늘 신심있게 살아야 해요. 신심 있게 산다는 말은 자기 부처님의 에너지를 발산하면서 사는 삶, 자성시불自性是佛을 안고 사는 삶이 바로 신심 있는 삶입니다.

'나는 우리 절을 믿어', '나는 우리 스님을 믿어' 또는 '나는 우학 스님을 믿어', '나는 배우자를 믿어' 하는 그 믿음의 자리가 자성불, 자기 부처님이 빛을 발하고 있는 곳입니다. 믿지 못하면 자기 부처님도 망가져서 완전히 죽어있는 거지요. 말이 좀 어렵지만 잘 생각하고 음미해 보셔야 합니다.

자기 부처님, 자기 부처님이 활발하게 살아 움직이는 인격체, 그런 인격은 어디서 비롯되느냐 하면 신심에서 비롯됩니다. 가족이 살면서 서로에 대한 믿음이 없다면, 절에 다니면서 부처님에 대한 신심이 없다면 자성불이 어떻게 나타나겠습니까? 이렇게 거룩한 자성자리를 새겨 두는 말씀, 그것이 바로 『신심명』입니다.

『신심명』의 명은 새길 명銘으로 문체의 이름으로 금석 그릇 같은 데 새겨 스스로 경계하거나, 묘비 등에 새겨 그 사람의 공덕을 찬양하는 글을 쓸 때의 문체입니다. 그만큼 깊이 기억하고자 하는 뜻이 있는 거죠. 우리가 '명심하라'고 할 때처럼 '마음속에 깊이 새겨라'의 뜻입니다. 그만큼 후세에 나타내 보여서 잊지 말기를 바라는 글인 것입니다. 그러니까 '자기 마음자리, 자기 부처, 자기 원각圓覺, 참생명의 자리를 믿으라고 하는 글'이라 보시면 됩니다. 단순하게는 '마음을 믿으라'는 글, 혹은 '마음을 믿기에 새겨 둘만한 글' 이런 뜻으로 보면 됩니다.

문둥병자에서 선종의 삼조가 된 승찬 대사

　　중국 남북조시대에 북주의 무제가 불교를 탄압하던 때에 환공산이라는 곳에 선종의 이조 혜가 대사가 속인의 모습으로 살아가고 있었습니다. 너무나 탄압이 심하니까 그 큰스님께서 속인의 모습으로 살아가고 계셨던 것이지요. 그러나 아무리 속인의 복장으로 산다 하더라도 도인은 표시가 나게 되어 있습니다. 빛이 안에 있으면 겉으로 감추려고 해도 드러나는 법이라 혜가 스님도 도인으로 소문이 자자했습니다.

　이런 혜가 스님에게 어느 날 사십 대의 몰골이 아주 흉악한 남자가 찾아옵니다. 그 남자가 무릎을 꿇고 혜가 스님에게 말합니다.

　"큰스님, 보시다시피 저는 풍병을 앓고 있는 환자입니다. 저는 전생부터 무슨 죄가 이렇게 많은 것인지 죄를 한 짐 지고 있습니다. 대사께서 이 죄를 참회케 하여 주십시오."

　풍병은 나병을 말합니다. 이 말을 들은 혜가 스님이 말하였습니다.

　"그래, 그렇다면 네가 짊어지고 있다고 하는 죄의 짐을 어디 한번 내려 놓아보아라."

　혜가 스님의 말을 들은 남자가 내려놓으려고 짐을 찾습니다.

그런데 우리 관념 속에서 지고 있는 죄를 찾는다고 눈에 보일 리도 없고 내려놓을 짐이라는 것도 없지요.

"스님, 아무리 내려놓으려고 해도 내려놓을 죄가 없습니다."

그때 이조 혜가 대사께서 말하였습니다.

"너의 죄는 이미 다 참회되었다. 불법승佛法僧 삼보三寶가 자네를 오랫동안 기다리고 있었노라. 너는 이제부터 삼보 안에서 편히 쉬도록 하라."

"큰스님을 뵈오니 승보僧寶는 이해됩니다만 불보佛寶와 법보法寶는 알지 못하겠습니다."

"마음이 불보요, 마음이 법보이니라. 부처와 법은 둘이 아니니라."

"오늘에야 비로소 죄의 성품이 안과 밖과 중간 어디에도 있지 않은 줄 알겠습니다. 마음이 그러하듯이 부처와 법이 둘이 아닌 줄 알겠습니다."

이 말을 들은 혜가 스님은 이 사람이 법기法器, 법의 그릇임을 알고 그의 머리를 깎아주면서 말했습니다.

"그대는 나의 보배다. 그리고 또한 스님들의 보배가 될 것이다. 너의 이름을 승찬僧璨이라 하라."

이렇게 하여 승찬 스님은 선종의 삼조가 됩니다. 그리고 그해

광복사光福寺에서 구족계를 받으니, 차츰차츰 나병이 낫습니다. 열심히 수행을 하니 마음이 편해지고 마음이 편해지니 몸도 편안하게 된 것이지요.

'일심一心이 청정하면 일신一身이 청정하다'는 말이 있습니다. 마음이 편해지면 몸도 편해지고, 마음이 깨끗해지면 몸도 깨끗해진다는 말입니다. 절에 다니시는 분들 중에서 절에 다니고 난 후 몸이 가뿐해지고 안 아프다는 사람도 많고, 몹쓸 병을 앓고 있는 사람들 중에서도 절에 다니고부터 병이 나았다는 분들을 더러 만나게 됩니다. 절에 다니면 몸이 좋아지게 되어 있습니다. 왜냐하면 일심이 청정해지니까 일신도 청정해지기 때문입니다.

승찬 스님은 풍병이 다 완치된 뒤에도 머리카락은 나지 않았다고 합니다. 그래서 사람들이 승찬 스님을 일러 '적두찬赤頭璨, 붉은 머리 승찬'이라고 불렀다고 해요. 이 적두찬 승찬 스님은 출가 후 줄곧 혜가 대사를 시봉하였는데 어느 날 혜가 대사가 승찬 스님을 불러 말했습니다.

"내가 이제 너에게 달마께서 신표로 주신 옷과 법을 그대에게 줄터이니 잘 수호하여 끊이지 않게 하라. 나의 게송을 들어라."

이때의 게송은 전법게傳法偈로 법을 전하는 게송입니다. 삼조로 삼겠다는 뜻이지요.

本來緣有地본래연유지 因地種華生인지종화생

本來無有種본래무유종 華亦不曾生화역부증생

본래 인연 있는 땅에 땅으로 인해 종자에서 꽃이 피네.
본래 종자가 없다면 꽃도 나지 않는다.

    땅은 식물이 자라는 토양을 말합니다. 정법도량, 엘리트 불자가 다니는 도량, 이것이 다 토양입니다. 우선 땅에다 씨앗을 심어야 뭐가 나도 나겠지요. 그래서 충실한 종자가 굳건한 땅에 뿌려지면 분명히 훌륭한 꽃을 피울 수 있게 되는 것입니다.

    한편 이러한 전법게를 내린 혜가 대사는 "때를 기다렸다가 정법을 설하라."하고 당부합니다. 이후 삼조 승찬 스님은 혜가 스님을 떠나 걸인의 모습으로 산곡사山谷寺라는 절에 들어갔는데 그때가 서기 590년 이었습니다.

    수행승들에게는 두타행頭陀行이라는 것이 있습니다. 세속의 욕심을 떨쳐버리고자 여러 곳을 떠돌면서 온갖 괴로움을 무릅쓰고 불도를 닦는 수도승을 두타라 하고 그들의 행을 두타행이라 합니다. 소욕지족小欲知足의 검소한 생활을 하기 때문에 옷이 떨어져도 새 옷을 지어입지 않고 옷을 꿰매고 꿰매어 입고 다닙니다.

    산곡사에 간 승찬 스님도 두타행 중이라 겉모습은 걸인과 다를 바가 없었겠지요. 걸인의 모습으로 절에 들어가서 사미승들에게 찬밥이나 얻어먹고 다녔으니 때로 사미승들이 거지라고 쫓아내기도 하고 그랬던 모양입니다. 그러나 사미승들이 그렇게 쫓아내기는 해도 풍기는 이미지가 좀 달랐던지 주지 스님에게 고합니다.

"이상한 걸인 스님인데 풍기는 이미지는 좀 남다릅니다."

"그래, 다음에 오면 한번 데리고 와 보아라."

주지 스님의 말대로 사미승들이 승찬 스님을 데려오자 주지 스님이 승찬 스님에게 이것저것 불법의 이치를 물었는데 하나도 막힘이 없는 것이었습니다. 이에 승찬 스님이 대단한 경지에 오른 것을 주지 스님이 눈치를 채게 됩니다.

"여기에서 머물도록 하라."

그리고는 승찬 스님을 부엌의 공양주를 시켰어요. 복을 짓는 데는 공양간의 공양주가 제일 좋아요. 스님들도 일부러 공양주를 자처하는 경우가 참 많은데 아마 승찬 스님께서도 공양주를 하겠다고 자처를 했던 것 같아요.

그렇게 공양주로 살아가는데 한번은 밤중에 깡패들이 절을 급습했어요. 수십 명의 불한당들이 몰려와서는 돈과 쌀을 요구하는 겁니다. 스님들에게는 무기도 없고, 열 명 정도 사는 산 중 절에 준비된 게 있을 리 없지요. 그러자 깡패들은 주지 스님을 내동댕이치고 행패를 부리는 겁니다. 이것을 본 승찬 스님이 깡패 두목에게 힘없는 스님들에게 행패 부리지 말고 따로 한 판 붙자며 도전장을 내밀었습니다. 깡패 두목도 좋다며 날 밝는 대로 보자고 합니다. 한편 주지 스님은 성품도 괜찮고 공부도 많이 한 스님이 맞아 죽어서는 안 되겠다 싶어 무릎 꿇고 두목에게 사정사정을 해 보았지만 깡패 두목은 들은 척도 안 해요.

이 소식은 순식간에 소문이 나서, 다음 날, 날이 밝자 이미 근처에 있는 사람들이 수십 리를 걸어서 구경하러 모여들었습니다. 그래서 수백 명의 사람들이 지켜보는 가운데 승찬 스님과 깡패두목이 대결을 하게 된 겁니다. 서로 막대기를 하나씩 쥐고 싸우는데 승찬 스님이 그대로 상대의 허리를 후려치자 허리를 맞은 두목이 그대로 구부러지며 기절을 해버려요.

출가 전 풍병을 가지고 이 마을 저 마을 나이 사십이 되도록 돌아다니면서 무엇인들 안 배웠겠습니까? 아마 무술도 잘했던 모양입니다. 수백 명의 구경하던 사람들이 탄성을 지르고 절에 이렇게 무술을 잘하는 스님이 있냐며 찬사를 늘어놓았지요. 산곡사 주지 스님도 가만 생각해보니 무술도 잘하지만 불교에 대한 식견도 높고 자신 보다 그 걸인 같은 스님이 주지가 되는 게 좋겠다는 확신이 섰던 모양입니다. 그래서 불러서는 주지 자리를 물려주고 순순히 떠나버렸어요. 이렇게 해서 주지 스님이 된 승찬 스님은 산곡사에 머물게 되었습니다.

이 산곡사는 후일 삼조사三祖寺가 되는데 중국의 선종사찰을 순례할 때 직접 가 보았더니 이 절에 삼조동三祖洞이라는 동굴이 있어요. 지금도 승찬 대사께서 이 절에 계시면서 좌선을 하고 『신심명』을 썼다는 기록이 있습니다.

승찬 스님은 열반도 보통의 경우를 뛰어 넘는 방법으로 하셨습니다. 서서 돌아가셨어요. 서기 606년, 세수 80세였다 합니다. 사조 도신 스님에게 법을 전하신 후 몇 년 뒤 큰 나무 아래서 마음의 요체를 널리 연설하시고 마지막으로 말씀하십니다.

"세상 사람들은 누워서 다 죽는다고 하나 나는 서서 열반에 들 것이다."

그러고는 대중이 보는 앞에서 합장을 한 뒤에 한 손을 뻗어 나뭇가지를 쥔 채 그냥 눈을 감고 그대로 열반하셨습니다. 웬만해서는 그렇게 죽기 힘들겠지요.

우리는 하룻저녁만 잠이 안 와도 밤새도록 고민하고 얼마나 애를 먹습니까? 자기 마음을 자기 마음대로 할 수 있다는 것은 대단한 일인데, 자야지 하면 자고 일어나야지 하면 일어나는 사람이 있다면 그보다 더 우월한 사람이 어디 있겠습니까?

이런 삼조 승찬 스님의 거룩한 법을 기리기 위해서 도신 스님은 바로 그 자리에 장사를 지냅니다. 그리고 많은 세월이 흘러 745년 당나라의 신심 있는 관리 이상이라는 사람이 산곡사에 삼조 스님의 무덤이 있다는 얘기를 듣고, 당시 육조 혜능 스님의 제자 하택신회荷澤神會를 찾아가서 승찬 스님의 묘가 있는 데를 구체적으로 물어보았습니다. 하택신회에게서 무덤의 위치를 들은 이상은 기뻐하며 측근들을 데리고 가서 예배하고, 무덤의 승찬 스님을 다비를 합니다. 그때 오색 사리 삼백과가 나오자, 백과는 꺼내어 그 자리에 탑을 세우고, 또 백과는 하택신회에게 보냈다고 하고, 또 백과는 자신이 몸에 지니고 다니다가 고향으로 돌아와 그곳에 모셨다고 해요. 후일 당나라 현종 황제가 감지선사鑑智禪師라는 시호를 내리고 탑호를 각적탑覺寂塔이라 하였으며 그 당시 재상이었던 방관이 비문을 지었다고 합니다.

    요즈음 일본 학자들 가운데는 승찬 대사가 숨어 다니면서 살았기 때문에 그의 행적에 모순된 점이 많다고 하여 실제 인물이 아니라고 주장하는 사람도 있습니다. 그렇지만 역사적인 여러 가지 점들을 상고해 보면 삼조 승찬 스님이 실제 인물임에는 틀림없다고 봅니다.

신심명, 중도를 논하다.

『신심명』은 두 가지 큰 장점을 지니고 있습니다. 첫째, 대단히 교리적敎理的이요 의리적義理的이며 둘째, 대단히 격외적格外的이라는 것입니다. 의리적인 부분과 격외적인 부분을 동시에 다 가지고 있는 글이 『신심명』인데, 우리 중생들의 분별심, 변견을 치료하는 데는 아주 좋은 말씀이라는 것을 알아야 합니다.

『신심명』의 핵심 내용은 한마디로 말해서 중도中道에 있다고 할 수 있습니다. 『신심명』을 자세히 살펴보면 대대對對로 이루어져 있는데 모두 사십대四十對로 갖추어져 중도를 설명하고 있습니다. 여기서 대대對對라 함은 미워함과 사랑함憎愛, 거스름과 따름逆順, 옳고 그름是非 등 일상생활에서 나타나고 있는 중생의 상대 개념 즉 변견을 말합니다.

『신심명』은 간단한 법문이지만 대대를 떠난 중도법을 간명하게 보여준 드문 저술입니다. 또한 일관된 논리로서 선禪이나 교敎를 막론하고 불교 전체를 통하여 양변을 여읜 중도中道가 불교의 근본 사상임을 표현한 총괄적인 중도총론이라고 볼 수 있습니다.

중도를 정도正道라고도 합니다. 한자 가운데 중中 자는 여러 가지 뜻으로 쓰이는데 한자 바를 정正을 의미할 때도 많습니다. 한마디로 중도라 하는 것은 양극단을 여의는 것입니다.

우리는 양극단에 집착하는 수가 많아요. 미워하거나 애착하거나, 거스르거나 따르거나, 또는 옳거나 그르거나 하는 등등 이렇듯 늘 극단에서 움직이는데 중생의 이런 극단적인 생각, 변견을 떠날 것을 이『신심명』이 일관되게 주문합니다.

　변견을 떠난다는 말은 초월하라는 말입니다. 자성불의 자리, 주인공의 자리에서는 이러한 차별경계를 일체 용납하지 않기 때문입니다.

　신심이라고 하는 이 자리는 완전한 인격의 자리라 볼 수 있어요. 그런데 중생의 눈으로 보면 모든 것이 다 상대적입니다. 그래서 스스로의 인격에도 문제가 생기는 겁니다. 내가 얼마나 훌륭한 인격자인가는 스스로 판단을 해 볼 수 있습니다. 내가 남을 바라볼 때 '저 사람 잘났다, 못났다' 비교하고 '저 사람 나쁘다, 좋다' 이렇게 자꾸 저울질하면 '내가 지금 중도적 삶을 살고 있지 않구나!', '내가 초월하는 삶을 살지 못하는구나!' 이런 생각을 해야 합니다. 중도적 삶이란 이와 같은 이분법적 견해를 떠나라는 겁니다.

　『신심명』은 초월하면 초월한 그 자리가 깨달음의 자리요, 도인의 자리요, 완전한 인격의 자리요, 신심의 자리라는 것을 가르치고 있어요. 그래서『신심명』은 중국에 불법이 전해진 이후, '문자로서는 최고의 문자', '이러한 문자는 하나이지 절대 둘이 있을 수 없다, 대단한 글이다' 라고 극찬 받고 있는 것입니다. 한 구절

한 구절이 이렇게 보면 이 말씀에 적용되고, 저렇게 보면 저렇게 적용이 되는 참으로 우리에게 삶의 밑천이 되고 내 마음을 고정시키는 데 큰 힘이 되는 말씀입니다.

지혜로운 삶1

Ⅲ
신심명 강설

01

지극한 도는 어렵지 않네 오직 간택함을 꺼릴 뿐,
미워하고 애착하지 않으면 통연히 명백하니라.

至道無難지도무난이요 唯嫌揀擇유혐간택이니
但莫憎愛단막증애하면 洞然明白통연명백이로다

至道無難지도무난　唯嫌揀擇유혐간택
지극한 도는 어렵지 않네, 오직 간택함을 꺼릴 뿐!

　　　　이 문장에서 간택揀擇은 한자 가릴 간揀, 가릴 택擇입니다. 간택은 나쁜 것은 버리고 좋은 것은 택한다는 뜻이지요. 요즘은 다 정미精米가 잘 되어 있지만 옛날에는 쌀을 헤집어 뉘나 돌을 가려내야 했습니다. 이처럼 버리고 취하는 것을 간택이라 합니다.
　　지극한 도道는 '본래의 마음'과 같은 것으로 완전의 자리, 『금강경』에서 말하는 아뇩다라삼먁삼보리의 자리입니다. 즉, '완전의 자리 아뇩다라삼먁삼보리는 어렵지 않다, 오직 간택함을 꺼리면 된다', '완전의 자리는 버리고 취하는 것을 꺼린다' 는 말입니다. 지극한 도란 무상대도無上大道를 말하는데 무상대도는 어렵지 않으나 간택 즉, 취하고 버리는 마음이 있으면 무상대도에 계합하지 못합니다. 그것은 중도의 바른 견해를 모른다는 말과 같습니다.

　도道는 진리이지요. 우리가 보통 걸어가는 길도 도요, 추구하는 깨달음도 도입니다. 여기에서는 이 무상대도, 아뇩다라삼먁삼보리는 어렵지 않다고 했습니다. 오직 간택함을 꺼릴 뿐입니다.

　이 의미를 좀 더 다양한 각도에서 풀어보면 먼저, 어떤 행위를 하든지 간에 오직 행위할 뿐 의식을 개입시키면 안 된다는 의미가 있습니다. 오직 행위할 뿐, 좋다 나쁘다는 의식을 개입시키지 말라는 말입니다. 밥 먹을 때는 오직 밥 먹을 뿐입니다. 사람과 만날 때는 그 사람과 만날 뿐입니다. 길을 걸을 때는 걸을 뿐입니다. 절대 비교하거나 간택하지 말고 순간순간 최선을 다하는 겁니다. 바로 그런 사람이 바른 도에 계합하는 사람입니다. 그것이 간택을 하지 않는 것입니다.

　순간순간의 삶에 취하고 버림이 없이 사는 사람은 영원을 사는 사람입니다. 그 순간순간 간택함 없이 사는 그 마음이 바로 영원의 마음과 맞닿아 있습니다. 이 순수함의 자리, 완전의 자리, 진리의 자리에 나아가려는 사람은 절대 이차적 복선을 깔지 않습니다. 그 마음 가운데 딴 마음을 깔지 않는다는 거지요. 그래서 그 사람은 늘 덤덤하고 소탈합니다. 바로 이러한 사람이 지극한 도에 계합한 사람입니다. 그래서 도, 진리의 세계에 계합해서 참불자로 사는 사람은, '이 사람은 이래서 좋고, 저 사람은 저래서 싫어!' 하는 분별심이 별로 없습니다. 이 도, 또는 진리의 세계는 취하고 버릴 것이 본래 없습니다. 진리가 그러하고 도가 그러하기 때문에 모든 불자도 그렇게 살아야 하는 거지요. 싫다고 버리는 간택의 마음만 버리면 뭐든지 다 좋습니다. 짧은 오리 다리는 오리 다리대로 긴 학 다리는 학 다리대로 좋고, 소나무는 소나무대로 장미는 장미대로 좋고, 대나무는 대나무대로 필요하고 좋은 것이지요.

미국의 16대 대통령이었던 링컨이 하루는 비서들끼리 옥신각신하는 얘기를 듣습니다.

"긴 다리가 좋아."

"아니, 짧은 다리가 더 좋아."

그러다 결론이 나지 않자 대통령에게 묻습니다.

"각하, 짧은 다리가 좋습니까? 긴 다리가 좋습니까?"

그때 링컨은 다음과 같이 대답합니다.

"다리란 것은 허리에서 시작해서 땅에 닿기만 하면 되는 것이지 길고 짧음에 좋고 나쁨은 없다."

　맞는 말이지요. 짧은 건 짧은 대로 좋고 길면 긴 대로 좋은 거지요. 그것이 바로 간택하지 않음입니다. 눈은 눈대로 코는 코대로 입은 입대로 각자 영역이 있고 자기 할 일이 있는 것입니다. 그러므로 버리고 취하는 간택을 하면 안 되는 것이지요. 그런데 이것이 그냥 되는 것은 아닙니다. 많은 수행과 많은 염불 그리고 참선, 기도를 통해야 도에 계합하는 마음이 일어나는 것이지요. 여기서는 아주 근본자리를 이야기하는 것입니다.

但莫憎愛단막증애　**洞然明白**통연명백
미워하고 애착하지 않으면 통연히 명백하니라.

　애착하고 미워하는 증애심만 없으면, 무상대도는 툭 트여 명백하게 성취할 수 있다는 말입니다. 지금 이 문장에서 증애憎愛는 미워할 증과 사랑할 애가 대비되는 형상입니다.
　미워하고 애착하지도 않으면 통연히 명백하니라, 이 문장처럼 『신심명』은 중도적 시각을 상당히 강조합니다. 중도라는 것은 양변, 양극단을 여읜 자리인데 그것을 설명하고자 『신심명』에서는 처음부터 끝까지 대대對對를 하고 있습니다. '증'과 '애'처럼 서로 대비가 되는 대대가 40개 즉, 40대對를 갖추어서 중도를 설명하고 있습니다. 뒤에 나오겠지만 순역順逆, 시비是非 등 바로 일상생활에서 나타나는 중생의 상대개념이며, 이를 변견邊見이라고 합니다. 『신심명』에서 나타내고 있는 말은 대대를 떠나 중도법을 아주 간명하게 보여주고 있다 할 것입니다.

우리는 미워하고 애착하는 마음, 밉다 곱다 하는 이 마음 때문에 객관에 휘둘리지요. 자기의 본래 주인공이 있는데 밉다 곱다 하는 객의 마음이 들어와서 주인공의 자리를 빼앗아 버리는 겁니다. 자기 주인공이 외출한 상태, 그러면 어떻게 되겠습니까? 우리가 밉다 곱다 하고 마음의 칸막이를 만드는 것은 자기 스스로의 주체성을 잃어버리는 것입니다.

마음의 칸막이는 스스로 만드는 것입니다. 예를 들어 너무 집착하면 잠이 오지 않아요. 그리고 너무 미워해도 잠이 오지 않습니다. 부부가 한 판 붙었는데 잠이 잘 오겠습니까? 이것이 다 자기 에고 때문에, 자기가 만든 마음의 칸막이 때문입니다.

저는 중·고등학교 다닐 때 가정에 불만이 많았습니다. 무슨 불만이 그렇게 많았는지, 그 당시에는 심각했습니다. 출가해서 공부를 해보니 '증애였구나, 미워하고 애착하는 것 때문이었구나' 하고 알게 된 것이지요. 증애 때문이라는 것을 안 지금은 어떠한 일이 있어도 울화가 치밀 일이 없습니다. 애착이 사라진 것이지요.

바로 미워하고 애착하는 것 때문에 마음에 칸막이가 생겨서 자기 마음이 멀리 툭 트이지 못하는 것입니다. 미워하고 집착하는 것만 아니면 툭 트일텐데 왜 미워하고 집착하느냐 이 말이지요. 중생으로서 당연하다면서 합리화할지 모르겠지만 진리적 입장에서는 생각해 볼 점이 많습니다. 눈에 콩깍지가 씌면 어떻습니까? 곰보도 보조개로 보인다고 했습니다. 미워할 때도 마찬가지입니다. 누가 제게 말하기를 '스님, 며느리 뒤꿈치만 봐도 차버리고 싶어요. 그러다 보니 손자 손녀들까지 꼴 보기 싫어집니다' 하는 것도 다 마음이 툭 트이지를 못해서, 미워하고 애착해서 그런 것입니다.

사실 여기에서 『신심명』의 본문이 끝났다고 보는 사람이 많습니다. 옛날에 낭야각瑯揶覺이라는 큰스님이 계셨는데 하루는 고관대작이 편지를 보내왔습니다.

"스님, 제가 『신심명』을 읽어보니 그 내용이 대단히 심오하였습니다. 그래서 『신심명』의 더 깊은 뜻을 알고자 하오니 자세한 주석서를 하나 써 주시면 안 되겠습니까?"

이렇게 부탁을 하는 것이었습니다. 그래서 스님이 '지도무난

이요 유혐간택이니 단막증애하면 통연명백이로다' 여기까지를 본문으로 처리하고 그 나머지 부분을 전부 잔 글로 처리해서 주석처럼 만들었습니다. 이를 두고 후대 사람들도 '최고의 주석이다. 어떻게 그런 착안을 했을까' 하고 놀라워했다고 합니다.

여기까지 이 네 마디에 『신심명』의 대의가 들어있습니다. 이 네 마디가 가장 중요한 대목이고, 그다음은 이 네 마디를 되풀이해서 해석하는 부분이라고 봐도 틀림이 없습니다.

02

털끝만큼이라도 차이가 있으면
하늘과 땅 사이로 벌어지느니라.
진리가 앞에 나타나길 바라거든
따름과 거스름을 두지 말지라.

毫釐有差호리유차하면　天地懸隔천지현격하나니
欲得現前욕득현전이든　莫存順逆막존순역이라

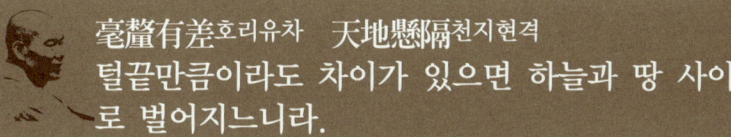

毫釐有差호리유차　天地懸隔천지현격
털끝만큼이라도 차이가 있으면 하늘과 땅 사이로 벌어지느니라.

　　간택하는 마음, 사랑하고 미워하는 마음을 버리려는 뜻이 털끝만큼이라도 어긋나면 하늘과 땅 사이처럼 차이가 난다는 말로 곧, 아주 쉬우면서도 가장 어렵다는 뜻입니다.
　　이 문장에서 호리毫釐는 털끝이라고 번역되었는데 호리는 매우 적은 분량을 비유할 때 쓰이는 말입니다. 이와 비슷하게 '추호秋

毫'라는 말도 있습니다. 털갈이하는 짐승들은 가을철 묵은 털은 빠지고 보드랍고 아주 가는 잔털이 올라옵니다. 그때 새로 돋은 털이 추호인데, 너무 세미해서 육안으로 잘 보이지 않아요. 그래서 호리유차 천지현격, 그렇게 육안으로도 잘 보이지 않는 극히 적은 차이가 있다 하더라도 그것 때문에 나중에는 하늘과 땅 사이로 벌어진다는 말입니다.

 부부나 친구가 갈라설 때도 그렇지요. 처음부터 큰 문제가 있었던 게 아니라 음식 차이, 잠버릇 차이, 성격 차이 등 작은 문제에서 비롯됩니다. 반찬 투정이나 출퇴근 시간, TV 채널 등 이렇게 작은 문제를 가지고 싸우지요.

 실제로 중국의 어느 신혼부부가 TV 채널을 가지고 싸웠다고 합니다. 아내는 우리나라의 드라마 대장금을 보려고 하고, 남편은 다른 걸 보겠다며 옥신각신하다가 큰 싸움이 되어 급기야 아내가 강물에 뛰어들었다는 신문 기사를 보았습니다.

 바로 그러한 경우입니다. 얼마나 사소한 일인데 그 조그마한 문제 때문에 돌아올 수 없는 강을 건너느냐는 겁니다. 친구 간에도 그렇지요. '그때 내가 호떡 사줬는데 너는 왜 안 사?'와 같은 아주 사소한 일이 미묘하게 작용해서 절교까지 하는 경우가 있습니다. 그렇게 극히 작은 문제를 가지고 오랜 세월 쌓은 그 큰 우정과 사랑을 다 버리니 얼마나 어리석은 일입니까.

부처님 당시에도 이런 일은 많았는데 어느 해 나라 전체에 가뭄이 들었습니다. 그래서 사람들은 새벽부터 일어나 저수지에서 내려오는 물을 서로 자기 논에 대려고 아우성이었습니다. 그 와중에 두 사람이 싸움이 붙었는데 나중에는 싸움이 커져 동네싸움이 되고 결국에는 나라와 나라 사이의 전쟁이 되고 말았습니다.

이것이 바로 털끝만큼의 차이라도 나중에는 하늘과 땅 차이로 벌어지는 그런 예가 되는 것입니다. 이것은 앞에서 말한 것처럼 간택하고 증애하기 때문에 그렇습니다. 버리고 취하고, 미워하고 집착하는 것 때문에 바로 천지현격 즉, 하늘과 땅 차이로 벌어지더라는 겁니다. 그렇게 하늘과 땅 차이로 벌어지고 나면 자기 스스로 마음이 감당이 안 되는 것이지요.

여기서 현격懸隔, 벌어진다는 말에는 많은 의미가 있습니다. 그 가운데는 내 마음 가운데의 본래심과 중생심이 계합하지 못하고 천지로 벌어져 버린다는 뜻도 있습니다. 나의 이 본심과 객으로 들어와 있는 중생심이 아주 천지로 벌어져서 도저히 같이 살 수가 없는 경우가 되는 것이지요.

오번뇌五煩惱 즉, 탐貪 · 진嗔 · 치癡 · 만慢 · 의疑 이 다섯 번뇌가 모두 그렇지만 특히 의疑 번뇌가 그러합니다. 계속 온갖 망상을 지어서 나중에는 천지 차이로 벌어지게 되거든요. 본인 스스로 불심에서 멀어지고, 나중에는 영 멀어져서 도저히 돌아올 수 없게 됩니다. 그러한 모든 것이 간택과 증애 때문입니다.

　버리고 취하는 마음, 미워하고 사랑하는 것에서 좀 초연할 수 없을까 한다면, 기도와 참선을 열심히 하는 것이 그 답입니다.

欲得現前욕득현전　**莫存順逆**막존순역
진리가 앞에 나타나길 바라거든 따름과 거스름을 두지 말지라.

　무상대도를 깨치려면 따름과 거스름 즉, 좋아함과 싫어하는 마음을 내어서는 안 된다는 뜻입니다. 진리라는 말은 영원의 자리, 참자아, 주인공 등과 같은 많은 말들을 갖다 붙일 수 있습니다. 따름과 거스름의 마음이 일어나는 것은 바로 상대에게 휘둘리기 때문입니다. 상대의 여러 가지 색色·성聲·향香·미味·촉觸·법法이라는 육경六境에 흔들리기 때문에 따름과 거스름이 있게 됩니다. 그러니까 어떤 말, 어떤 소리를 듣든지 어떤 것을 보든지 간에 따름과 거스름이 없으려면 딱딱 관해 버리면 됩니다.

　우리가 관세음보살님 전에 기도하러 왔으면 관세음보살님을 정확하게 딱 포착하여 관해야 됩니다. 백골관白骨觀처럼 해골을 보면서 기도하는 방법도 마찬가지입니다. 해골은 흉해보이기도 하고 무섭기도 하지요? 내 마음에 거스름이 생겨 그렇습니다. 그럴 때에도 그 해골을 정확하게 관해야 합니다. 정확하게 보라, 정확하게 포착하라는 것은 자기 주인공을 분명히 잡아야 된다는 말입니다. 그렇게 되면 기분 좋은 일, 칭찬받는 일에 초연해 집니다. 칭찬을 받고도 초연하면 수행자입니다.

반면 거슬리는 말도 있지요? 우리 주위에는 남을 고의적으로 나쁘게 말하는 사람이 있어요. 그런 거슬리는 말을 듣더라도 절대 흔들리지 않는다면 그 사람은 자기 주인공의 마음을 챙기고 있는 사람입니다. 만약 마음이 흔들려서 주체를 못한다면 도둑놈이 그 마음 가운데 들어와 버린 겁니다.

우리는 이 점을 늘 생각해야 합니다. 누가 나를 칭찬하는 말에 흔들리면 정확하게 자기 자신을 봐야 합니다. 반대로 누가 나를 비방함에 흔들린다면 그때도 정확하게 자기 자신을 봐 버리면 됩니다. 그렇게 하는 일이 바로 따름과 거스름을 두지 않는 일입니다.

살다 보면 뜻하지 않게 그런 오해를 받고 비방을 당하기도 합니다. 저는 서울의 모 선원에 대해서 늘 칭찬하고 좋아하였습니다만 거기에서 하룻밤 잔 적도 없습니다. 절이니까 한 번 정도 가 본 적은 있겠지요. 그런데 한번은 우리절 신도님들이 그 선원에 갔더니 그곳의 스님께서 "우학 스님이 이 선원에 몇 년 동안 있으면서 우리의 노하우를 많이 배웠습니다. 그리고 대구에 가서 절을 지어 잘 운영하고 있습니다."라고 법문 중에 말씀하시더라는 겁니다. 우리는 이처럼 쓸데없이 사실이 아닌 것을 사실인 것처럼 말하는 것을 들으면 화가 나고 시비를 가리고 싶어집니다. 그러나 그런 소리 들어도 '그렇구나' 하고 지나가 버려야 합니다. 그것이 따름과 거스름을 두지 않는 방법입니다.

03

어긋남과 따름이 서로 다툼은 이는 마음의 병이 됨이니,
현묘한 뜻은 알지 못하고
공연히 생각만 고요히 하려 하도다.

違順相爭위순상쟁이   是爲心病시위심병이니니
不識玄旨불식현지하고   徒勞念靜도로념정이로다

違順相爭위순상쟁   是爲心病시위심병
어긋남과 따름이 서로 다툼은 이는 마음의 병이 됨이니라.

　　　　어긋나다 맞다 하면서 서로 싸운다면, 이것이 갈등이 되고 모순이 되어 마음의 병이 된다는 뜻입니다. 즉, 자기 마음이 흡족하면 따름이 되고, 자기 마음이 거슬리면 어긋남이 되는 것이지요. 그런데 이 어긋남과 따름이 서로 내적인 싸움을 일으키면 나중에는 병이 됩니다.

　　'남편이 술 먹고 하는 말을 내가 믿어야 돼, 말아야 돼? 상습

적으로 하는 저 말을 그래도 또 믿어줘야 할까?' 그런 생각이 들면서 마음에서는 치열한 공방이 계속 일어납니다. 믿어야 하나 말아야 하나 계속 갈등하지요. 자식도 마찬가집니다. '이 녀석을 혼을 내야 하나 말아야 하나?' 혼자 씩씩거리다가 나중에는 병이 되고 마는 거지요. 초월해야 하는데 수행이 안되면 초월이 잘 안됩니다. 초월하려면 반드시 부처님 공부를 하고 참선하고 기도를 해야 합니다. 그렇게 꾸준히 하다 보면 나중에 자기 본래의 마음으로 돌아가서 뜬마음이 없어지게 되는 것입니다.

이 『신심명』의 저자가 누구라고 했습니까? 삼조 승찬 대사죠. 승찬 대사의 태어난 시기는 분명치 않고 606년에 돌아가셨다는 기록만 전해집니다. 대사는 본래 대풍질大風疾을 앓고 있었습니다. 요즘으로 말하면 한센병, 문둥병입니다. 몸이 짓무르고 역한 냄새가 나니 얼마나 괴롭고 스스로 자책하였겠습니까? '무슨 팔자가 이렇게 기구하여 몹쓸 병에 걸려 장가도 못 가고 이럴까?' 자신의 죄업장을 이렇게 지고 다닌다는 생각에 스스로 힘이 들었습니다. 그리고 앞에서 본 바대로 스승 이조 혜가 스님을 만나 '너의 죄는 이미 참회되었다'는 이 한마디에 그동안의 죄의식은 사라지고 마음의 병이 낫게 되지요. 마음의 병이 나으니 차차 몸의 병도 나아져 나중에는 문둥병이 완전히 다 낫게 되었습니다. 그렇지만 그 세월 동안 스님께서는 얼마나 많은 번민과 마음고생을 했겠습니까? 출가하고 병은 다 나았지만 머리가 다 벗겨져 다시는 머리가 자라지도 않았습니다. 그래서 적두찬赤頭璨이라는 별명으로도 불렸습니다. 적두란 붉은 머리, 즉 대머리이지요. 그냥 대머리가 아니라 병을 앓은 아주 시뻘건 대머리가 된 거예요. 승찬 대사는 '대머리 붉은 살'이라는 그러한 별명을 얻을 정도로 그 삶이 너무나 힘들었던 분입니다. 그렇지만 마음을 한번 바꾸어 큰 조사祖師가 되신 분입니다. 기적을 일으킨 거지요.

어긋나다 맞다 하면서 서로 싸운다면, 이것이 갈등이 되고 모순이 되어 마음의 병이 됨이니 그러므로 분별심과 전도된 모든 생각을 다 없앰으로써 심신이 완전한 사람이 된다는 것입니다.

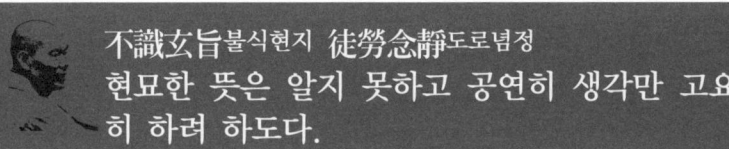
不識玄旨불식현지 徒勞念靜도로념정
현묘한 뜻은 알지 못하고 공연히 생각만 고요히 하려 하도다.

참으로 양변을 여읜 중도의 지극한 도를 모르고, 애써 마음만 고요히 하고자 할 뿐이라는 뜻입니다.

고요함도 움직임도 서로 상대적인 변견이니 이러한 상대를 버려야 대도에 들어갈 수 있는데, 근본당체에는 계합하지 못하고 의식적으로만 헤아리고 있다는 것입니다. 여기에서 의식적으로 헤아린다는 말을 잘 생각해 봐야 합니다. '고요해야지, 고요해야지' 이런 생각을 한다고 해서 고요해집니까? 그게 잘 안됩니다. '착해져야지, 남편에게 잘해야지' 한다고 해서 잘 되는 게 아닙니다. 어떤 계기나 상황이 닥치면 예전의 그 못된 마음이 발동하여 원래 그 자리에 가 있게 됩니다. 바가지 안 긁어야지, 안 긁어야지 하면서도 어떤 상황이 닥치면 또 바가지가 긁어집니다. 어쩔 수가 없어요. 남편 마음 편하게 해줘야지 하다가도, 매일 술 마시고 돈 적게 벌어와 봐요. 마음 편하겠습니까? 오히려 쳐다보면 울화가 치밀어 올라와서 끓이던 라면 물도 엎어버리고 싶어집니다. 그리고 또 '아이구, 참자!' 이러지요? 그러나 그게 참아지는 게 아닙니다. 화병만 될 뿐입니다.

그래서 여기서 말하고 있는 '공연히 생각만 고요히 하려 하도다' 이 말은 진짜 수행은 안 하고 생각만 복잡한 것을 말합니다. 그러지 말고 절에 와서 절을 하세요. 절을 하다 보면 현묘한 뜻, 자기 본래자리에 계합하게 됩니다. 또한 참선하고 기도하다 보면 자기 마음에 개혁이 일어납니다. 변화가 일어나고 자기 혁명이 일어나는 거지요. 그래야 현묘한 뜻에 계합하는 겁니다.

아주 추울 때 발이 꽁꽁 얼었어요. 거기다 오줌을 누면 당장은 발등이 따뜻하지만 나중에는 더 꽝꽝 얼어붙게 되지요. '언 발에 오줌누기'와 같이 임시변통이 아니라 근본을 탁 낚아채야 합니다. 근본을 낚아채지 않으면 금방 다시 그런 꼴이 됩니다.

生而不持
만들되 가지지 않는다

生氣不拘

04

둥글기가 큰 허공과 같아서
모자람도 없고 남음도 없도다.
취하고 버림으로 말미암아
그 까닭에 여여하지 못하도다.

圓同太虛원동태허하여   無欠無餘무흠무여어늘
良由取捨양유취사하여   所以不如소이불여라

 圓同太虛원동태허 無欠無餘무흠무여
둥글기가 큰 허공과 같아서 모자람도 없고 남음도 없도다.

    지극한 도는 참으로 원융하고 걸림이 없어서 둥글기가 큰 허공과 같고, 조금도 모자라거나 남음 없이 원만히 갖추어져 있기 때문에 누구든지 바로 깨칠 뿐 증감할 수 없다는 말입니다.
    절에서는 초파일 등을 켜신 분들을 아주 고맙게 생각합니다.

올해도 잊지 않으시고 참좋은 유치원 연등달기 불사에 십시일반十 匙一飯 도와주신다는 의미로 동참하셨을 줄 압니다. 형편이 남아돌 아서 하는 분이 있다고 말한다면 그것은 다 빈말입니다. 돈은 많 든 적든 다 자기가 쓰고 싶지요. 그럼에도 신심을 가지고 등을 켜 주신 그분들께 제가 원상圓相을 그려서 선물로 드렸더니 '이 동그 라미가 뭣고?' 궁금해 하시는 분들이 많았습니다. 이 원상은 아주 많은 의미를 가집니다.

원, 한자로는 '둥글 원圓'으로 원동태허圓同太虛 즉, 둥글기가 큰 허공과 같다는 말입니다. 원상은 진리를 나타내기도 하고 도道 를 나타내기도 하고 자기 성품을 나타내기도 하고 자기 부처를 나 타내기도 하며 자기 자성자리를 나타내기도 합니다. 선禪에서는 일물一物 이라고도 말하고, 또 밑 없는 발우 무저발無底鉢, 밑 없는 배 무저선無底船, 그림자 없는 나무 무영목無影木, 심지어는 구멍없 는 피리 무공저無孔笛, 줄 없는 거문고 몰현금沒絃琴 등 이 모두가 마 음자리를 나타내는 말들입니다. 이렇게 마음자리를 나타내는 말 이 수없이 많다는 것은 바로 그 한자리가 얼마나 거룩하고 나타내 기 어렵고 표현하기가 힘든지를 말해 주는 것이지요. 그렇지만 본 인 스스로 느껴보지 못하면 감을 잡을 수가 없습니다. 원은 바로 그런 뜻을 가지고 있고 그러한 상을 원상이라 하는데, 이 원상이 바로 부처님을 대신한다 생각하시면 됩니다.

지극한 도는 참으로 원융하고 걸림이 없어서 둥글기가 큰 허공과 같고, 조금도 모자라거나 남음 없이 원만히 갖추어져 있기 때문에 누구든지 바로 깨칠 뿐 증감할 수 없다, 바로 참마음자리가 되면 이런 자리가 됩니다. 모자람도 없고 남음도 없는 그런 자리가 되는 거지요.

이 『신심명』에는 중생심을 가라앉히려고 하는 내용들이 많습니다. 어쨌든지 본래성을 회복하게 하는 당부적인 말씀이 많지요. 『신심명』의 내용 중 조금 미흡한 부분이라면 사회를 진정으로 개혁하려는 의도가 잘 보이지 않는 점입니다. 진취성은 없어요. 선禪사상의 한계가 그런 것입니다. 선이라고 하는 것이 자기 자신의 중생심을 가라앉히고 그 마음 가운데 본래성, 불심을 드러내는 수행에는 좋은데, 거기에서 한 발짝 더 나아가 사회에 기여하고 회향하고 중생을 제도하려는 에너지는 조금 약합니다.

『신심명』도 그 틀을 크게 벗어나진 못해요. 그런 걸 보면 우리 부처님은 정말 대단한 분입니다. 부처님은 본래 부처님이지 않으셨나, 이생에 와서 억지로 수행을 해서 부처가 되신 분이 아니라 보통의 사람으로 태어나 후일 완전한 깨달음을 이루는 각본으로 이 세상에 오신 것이 아니겠는가 그런 생각이 듭니다. 그런데 우리 부처님은 그러한 각본을 넘어서서 사성계급四姓階級이라고 하는 그 깨기 힘든 엄청난 벽을 그 당시에 이미 깨셨습니다. 부처님께

66 원 동 태 허   무 흠 무 여   양 유 취 사   소 이 불 여

서는 스스로 깨달음을 이루시고 본래성을 회복하셨지만 사회자체를 좀 더 편안하고, 좀 더 완벽한 평등사회로 만들고자 누구도 깨지 못한 사성계급을 타파하셨던 것이지요. 그런 면에서 부처님은 대단한 사회개혁가요 대단한 진취성과 힘을 가지셨던 분이란 걸 알 수 있습니다.

그런 부처님에 비추어 보면 지금 현재 한국불교에서 참선參禪의 약한 점이 이런 것입니다. 자기 자신의 고통과 번뇌를 가라앉히기에 바빠 중생제도나 사회개혁에까지 힘이 못 미친다는 점이지요.

여기 승찬 스님도 스님 당시에는 삼국시대가 막 끝이 나고 남북조시대가 시작되면서 사회적으로 매우 혼란한 시기였습니다. 혼란한 시대라고는 하지만 문둥병에 걸려 돌아다니며 스님께서는 어떻게 하든지 자신의 고통을 좀 잊었으면 하는 생각이 앞섰을 것입니다. 타인이나 나라를 생각해 볼 겨를이 없었겠지요.

구산선문九山禪門도 그렇습니다. 구산선문이란 통일신라시대 말 고려초에 형성된 선종禪宗의 아홉 파派를 말합니다. 구산선문을 이끈 선사들은 중앙의 지배층에서 몰락한 육두품 이하의 귀족이거나 중앙 진출이 불가능한 지방호족 출신들이었습니다. 그래서 자기 마음을 치료하고 번뇌를 삭이는데 주력하였던 것입니다.

여기 나오는 '원동태허圓同太虛 무흠무여無欠無餘'도 본래자리까지 갖다 놓는 것입니다. 그래서 자기의 마음을 본래자리에 갖다놓은 그 이후는 어떻게 해야 할 것인가, 중생제도를 하거나 또는 회향을 하는 것은 『신심명』의 이차적 숙제입니다.

良由取捨양유취사 所以不如소이불여
취하고 버림으로 말미암아 그 까닭에 여여하지 못하도다.

지극한 도는 취하려 하고 변견은 버리려 하는 마음이 큰 병이라는 말입니다. 우리가 근본 진리를 깨치지 못한 것은 취하고 버리는 취사심 때문입니다. 중생을 버리고 부처가 되려는 것도 취사심 때문이며, 지옥을 떠나 극락에 가려는 것도 취사심 때문으로써 그 취사심으로 말미암아 무상대도를 깨치지 못하는 것입니다.

취하고 버림으로 말미암아 그 까닭에 여여하지 못하도다, 재미있는 말입니다. 마음 가운데 상이 있으면 여여하지 못합니다. 아상我相·인상人相·중생상衆生相·수자상壽者相의 중생상은 좋은 것은 취하고 싫은 것은 버리려 하는 마음입니다. 이 중생상에 빠져있는 사람들은 여여하지 못합니다. 천상이나 극락에 나려는 그

상相 때문에 그 사람의 마음이 평화롭지 못하다는 말입니다.

　기독교인들을 보면 '예수천당, 불신지옥' 이런 말을 함부로 하고 다녀요. 예수를 믿지 않는 사람은 모두 지옥 간다면서 교회 다니기를 강요합니다. 그런데 그런 말을 하는 마음이 옆에서 봐도 어수선해요. 병원 영안실에 찾아와서 그러는 걸 호되게 야단을 쳐서 쫓아 보낸 적이 있습니다만, 입에 거품 물고 다니면서 그러는데 여여하지 못하고 점잖지를 못해요. 어느 한쪽에 치우친 취사심을 가진 그 사람들이 과연 영원하다는 하나님의 나라에 들겠습니까?

　취하거나 버림을 얘기할 때 사랑과 집착을 빼놓을 수 없습니다. 중생이 하는 사랑은 순수하기가 어려운데 집착, 애착이 따라 붙어서 그렇습니다. 그러면 부처님 같은 분은 사랑하지 않았느냐? 성인聖人의 사랑은 애착과는 다릅니다. 여기서는 '원동태허' 라고 했지요. 본래의 자리에 들어간 상태인 거기에서는 다시 솟아나는 에너지가 있습니다. 그러한 것을 저는 초월적 사랑이라 말합니다. 참마음, 본래 고향, 완전한 불성의 사랑이라는 말입니다. 그러한 사랑은 잔상殘像이나 찌꺼기를 남기지 않는 사랑이지요. 아주 순수한 사랑입니다.

　부처님께서 중생에게 어떤 대가를 바라서 그러한 자비를 드리우진 않습니다. 다 당신의 분신이므로 하나된 입장에서 사랑하시지만 사랑이라는 이름 자체도 거추장스럽지요. 예수님도 마찬가지입니다. 예수님이나 부처님의 사랑은 다 초월적 사랑입니다. 그러니까 본래자리에 돌아간 이후 나투신 그 몸은 다 사랑의 행위가 되는 것이지요.

성철 스님이 살아계실 때, 성철 큰스님을 만나 뵈려면 삼천배를 하고 난 뒤라야 친견할 수 있었는데 스님께서는 티 없이 맑은 어린아이를 얼마나 좋아하셨던지 애만 업고 가면 스님께서는 그냥 만나 주셨다고 합니다. 그래서 어떤 어머니는 삼천배를 하지 않으려고 꾀를 부려 애를 업고 다녔다고도 합니다. 성철 큰스님의 그러한 것도 다 초월적 사랑이라 저는 그리 생각합니다. 바로 성인의 사랑이지요.

여기에서는 자기 자신에 대해서 취하고 버리는 마음이 문제라고 봐야 하는데, 거기에는 두 가지 문제가 있습니다. 첫째는 자기 자신에 대해 취하는 것 즉, 애착하는 것이며 둘째는 자기 자신에 대해 버리는 것, 바로 학대입니다. 애착도 문제이지만 학대 역시 문제입니다. 다 자기 것인데 그냥 있으면 될 일을 자꾸 망상으로써 문제를 만드는 것이지요.

부부만 살고 있는 어느 집에서 아내가 거울 앞에 서서 남편에게 말합니다.

"어휴, 덕지덕지 살이 너무 쪘어. 몸이 온통 비곗덩어리네! 그래도 당신이 보기에 칭찬할 만한 데 없어?"

내심 그래도 예쁘다거나 칭찬의 말을 기대했던 것이겠지요. 그러자 남편이 말합니다.

"당신, 시력 하나는 끝내주네!"

살찐 사실을 정확하게 본 시력 하나는 칭찬해줄 만하다, 그런 말인데 스스로 자학하지도 애착하지도 않았더라면 아무 일 없었을 것을 괜한 망상으로 부부 싸움만 하게 된 이야기입니다.

취하는 것의 애착도, 버리는 것의 학대도 모두 옳지 않습니다. 이 세상은 본래로 조금도 모자라거나 남음 없이 원만히 갖추어져 있습니다.

05

세간의 인연도 따라가지 말고
출세간의 법에도 머물지 말라.
한 가지를 바로 지니면 사라져 저절로 다하리라.

莫逐有緣막축유연하고 勿住空忍물주공인하라
一種平懷일종평회하면 泯然自盡민연자진이라

莫逐有緣막축유연 勿住空忍물주공인
세간의 인연도 따라가지 말고 출세간의 법에도 머물지 말라.

인연으로 이루어진 세상일에도 쫓아가지 말고 공의 지혜인 출세간법에도 머물지 말라고 함은 이 두 가지가 다 병이기 때문입니다. 있음을 버리고 공함을 취하거나 공함을 버리고 있음을 취한다면 이것 모두 취사심이니, 있음과 없음을 다 버려야 무상대도를 이룰 수 있다는 뜻입니다.

막축유연莫逐有緣 이 말은 바로 세상의 인연도 따라가지 말고,

물주공인勿住空忍 출세간의 법에도 머물지 말라는 뜻입니다. 이 문장에 있는 참을 인忍은 『금강경』에서도 보았던 것처럼 보통 '지혜'의 뜻으로 많이 씁니다. 그래서 공인空忍은 '공의 지혜'라는 뜻이 되지요.

세간의 인연도 따라가지 말고 출세간의 법에도 머물지 말라는 이 의미는 세상일에만 따라다니면 안 된다는 말입니다. 세상의 일이란 게 뭡니까? 돈, 명예, 권력 이런 것들이지요. 이런 것을 너무 쫓아다니면 사람이 추해집니다. 남 보기에도 '저 사람은 왜 저렇게 살까?' 하고 입방아에 오르내리고 남 보기에도 추하지만, 무엇보다 스스로의 자성자리가 추해집니다. 그래서 세상일에만 따라다니지 말라고 한 것입니다. 반면 고고한 척 출세간 일에만 따라다니면 그때는 사람이 허황해집니다. 그래서 출세간의 법에도 따라다니지도 말라고 하는 겁니다.

우리 삶이란 것은 오히려 세간과 출세간을 초월해서 양극단을 버리고, 세간적일 때는 세간적이고 출세간적일 때는 출세간적이어야 합니다. 그 둘을 융통성 있게 잘 써야 합니다. 그래서 세간의 일을 할 때는 세간의 일에만 파묻힐 것이 아니라 출세간적 가치를 저버리면 안 되는 것이지요. 그리고 또 우리가 지혜니 공이니 이런 출세간적 생각을 하면서 세간을 등질 꾀를 내어서는 안 됩니다. 그래서 세간과 출세간을 종횡무진해야 합니다. 세간의 일을 할 때는 세간의 일을 출세간의 일을 할 때는 출세간의 일을 하는데 어떤 일을 하든지 간에 반드시 상대의 경우를 늘 같이 생각해야 합니다.

연꽃을 불교의 꽃이라 하는데, 연꽃을 보면 아주 더러운 진흙 펄 밭에 그 뿌리를 박고 있습니다. 칠곡도량의 운암지를 보면 물 밑이 아주 더럽습니다. 수입산 붉은귀거북이가 배설물을 얼마나 많이 내어놓는지 몰라요. 거기에 뿌리를 박고 있는 것이 연꽃입니다. 그렇지만 연꽃이나 잎에는 한 방울의 물도 묻지 않습니다. 그러한 특성이 바로 부처님의 청정성을 상징하는 것입니다. 고해와 화택의 사바세계 삶 속에서 이상적인 부처의 삶을 추구하는 즉, 세간적 삶과 출세간적 삶을 두루두루 잘 살려는 불교의 이상을 잘 표현하는 꽃이 연꽃인 것입니다.

우리 부처님이 그러하셨습니다. 부처님께서는 세간적 삶과 출세간적 삶을 동시에 다 가지셨지요. 대표적인 예로 부처님께서는 기원정사를 짓고 죽림정사를 지으셨습니다. 그 당시에는 수행자가 어떤 집을 짓고 그 집에서 생활한다 하는 것은 아주 많이 비방받을 일이었습니다. 부처님 당시 인도에는 많은 수행집단이 있었는데 불교가 최초로 집, 법당을 짓기 시작했습니다. 그때부터 불교는 사원을 중심으로 빠른 속도로 발전해 갔지요. 부처님께서는 그렇게 절도 직접 지어 챙기시면서 기원정사에서 25년 동안 끊임

없이 중생을 교화하시었습니다. 그리고 대중들과 함께 하안거夏安居를 늘 지키셨지요.

하안거는 인도의 여름 날씨가 매우 덥고 우기에는 비가 자주 내려 길이 몹시 질어지는데 흙발로 남의 집에 탁발을 가는 것도 그렇고, 또한 비가 오면 미생물들이 땅 밖으로 나오는데 탁발하다가 이 벌레들을 밟아 죽일까 염려하는 데서 생겨났습니다. 우리 법우님들도 부처님의 바로 이런 모습을 모델로 삼을 때 큰 성취가 있게 됩니다.

꾸준히 절에 다니시는 분들 중에는 보살의 삶을 사는 분들이 많습니다. 세속에 살면서도 출세간의 삶을 버리지 않고 절에 와서 봉사하고 기도하면서 가정을 등지지 않지요. 이러한 일을 두루두루 하는 분들이야말로 가장 부처님 제자답지 않은가 그렇게 생각합니다.

그래서 세속에 살면서도 세속에 푹 빠지지 않으려면 열심히 절에 다녀야 하지요. 절에 가서 공부도 하고 봉사도 하고 기도도 하고 그래야 합니다. 세간에서는 그러한 법이 없어요. 내가 일한 만큼 반드시 보수를 받는 것, 바로 세간적 논리이지요. 출세간적 논리는 봉사한 것에 대해서 일체 보상을 생각지 않고 그냥 순수하게 마음을 냅니다. 우리가 절에 와서 공부하고 기도하는 것도 그렇지요. 세간에서의 공부라는 것은 반드시 후일 돈을 벌기 위해서 혹은 큰 성취를 바라서이지만, 절에서 하는 이 공부는 내 마음을 비우고 내 마음을 깨끗하게 하는 것으로써 얻는 것 하고는 전혀 관계가 없습니다. 세간의 모든 삶은 얻는 것이지만 출세간의 삶은 오히려 비우고 버리는 것이지요.

그런데 비운다고 하지만 사실은 더할 수 없는 에너지를 가져가는 것입니다. 맑은 에너지를 집에 가져가서 풀어놓고 세속의 기운을 맑혀가는 것입니다. 그게 멋있는 삶이지요. 그런 걸 보면 신도님들이 우리 스님들보다 훨씬 더 잘 사는 것 같아요. 아주 멋있게 사는 것 같습니다. 세간적 삶과 출세간적 삶을 종횡무진하는 거니까요.

막축유연 물주공인, 이 문장에서도 앞과 마찬가지로 중도의 원리, 중도의 이치가 배어 있습니다. 여기의 중도는 세간도 떠나고 출세간도 떠난, 떠났다고 하지만 나중에 어느 경지에 도달하면 세간도 껴안고 출세간도 껴안는 그러한 자리입니다. 그렇게 사는 것이 또한 진정한 중도적 삶이지요.

우리 스님들 같으면 이사가 원융한 것이 그런 예가 되겠지요. 이理라는 것은 속세를 떠나 도를 닦는 등의 출세간적인 것을 말하고, 사事는 절집 살림이나 사무 같은 사찰 일을 보는 것으로 세간에 해당한다고 말할 수 있겠습니다. 즉, 중생을 교화하거나 수행을 하는 스님을 이판승理判僧이라 하고 절집의 생계를 유지하거나 사무를 처리하는 스님을 사판승事判僧이라고 합니다. 이렇게 스님들을 이판승, 사판승으로 나누는데 그 나누는 것 자체가 분별심이지요. 이 둘을 두루두루 동시에 수용하면서 초월하는 수행자, 이판과 사판을 종횡무진하는 수행자라야지 스님으로서도 잘사는 길입니다. 왜냐하면 부처님께서 그리하셨기 때문입니다.

세간의 인연도 따라가지 말고 출세간의 법에도 머물지 말라, 이 한 구절만 가지고라도 하루 종일 이야기할 수 있는 그런 좋은 구절입니다. 이 둘을 다 초월해 있으면서 이 둘을 다 수용하는 것이 가장 완전한 삶입니다.

우리 자성을 맑은 하늘에 비유한다면, 이 맑은 하늘에 구름이 낀다한들 사실 아무 관계 없습니다. 오히려 가을 하늘에는 구름이 몇 점 두둥실 떠다녀야 구름도 아름답게 보이고, 하늘도 더 넓고 높게, 더 맑아 보이는 것이지요. 구름이 하늘을 방해함이 없고 하늘이 구름에 지장을 주는 법도 없는 것입니다. 그래서 중생이 부처님을 여의지 아니하고 부처님이 중생 속을 거닐고 계실 때, 그때야말로 이 세상이 아름다운 그러한 도리이지요.

세속에 살면서도 세속에 푹 빠지지 말고 열심히 절에 다니시고, 반대로 절에 와서 '절에 들어앉아 살까?' 이런 생각을 할 게 아니라 그저 절에서 얻은 맑은 기운을 집에 가서 풀어놓으면 되는 것입니다. 그러한 삶이 가장 잘 사는 삶입니다.

一種平懷일종평회 泯然自盡민연자진
한 가지를 바로 지니면 사라져 저절로 다하리라.

여기에서 일종一種이란 중도를 가리키는데 있음과 없음을 다 버리고 양변을 떠나면 곧 중도이며, 일체 만법이 다해 버렸다 함은 곧 일체 만법이 원만구족하다는 뜻과 같습니다.

이것만 가지고는 무슨 뜻인지 모르겠지요? 여기에서 한 가지란 자기 정신, 주인공이라 보면 됩니다. 그래서 자기 정신, 주인공을 바로 지니면 사라져 저절로 다 한다는 말은 모든 대립 분별이 다 없어진다는 말입니다. 자기 정신이 오롯하면 내 마음 가운데 일어나고 있는 여러 가지 많은 시비 분별이 다 사라져 버려요. 자기 정신이 없으면 문제가 생기고 내 마음이 들끓기 시작하는 거지요. 자기 정신, 자기 주인공을 찾으려고 우리가 여기 와서 공부하고 수행도 하는 겁니다. 그래서 공부하고 수행하여 한 가지一種를 바로 지니면 자기 마음 가운데 있는 헛된 대립과 분별 망상이 다 하리라는 것입니다.

일종一種을 좀 더 살펴보면 한 가지는 자기 정신·부처의 자리

ㆍ주인공의 자리라는 뜻이 있습니다. 이렇게 한 가지의 의미가 아주 넓습니다. 그래서 이 한 가지만 바로 지니면, 우리가 참선할 때 시심마是甚麼나 간시궐乾屎橛을 하든지, 관세음보살을 관하고, '이뭣고' 화두를 제대로 딱 들든지 하면 그 마음 가운데에 모든 분별 대립이 싹 사라집니다. 우리가 제대로 정진을 하지 않아서 그렇지 관세음보살님만 지극정성 찾아도 마음 가운데 일어나는 모든 시비 분별이 다 사그라집니다. 관세음보살님을 내 머릿속에 또렷이 떠올렸다는 것은 자기 정신, 자기 주인공을 찾은 겁니다. 그러면 모든 번뇌 망상이 자연히 사라져 저절로 다하게 되는 것이지요.

우리가 '부처를 찾는다', '중생을 찾는다'는 말을 많이 하는데 사실은 부처도 중생도 초월하는 그 자리에 진짜 부처님이 계십니다. 오로지 살아있는 의식 즉, 주체적 자각을 가지고 딱! 딱! 딱! 그 순간을 체크하는 것입니다. 바로 그리하면 민연자진泯然自盡, 사라져 저절로 다하는 것이 됩니다. 물론 우리가 순간순간을 살아있는 의식으로 산다는 것은 바로 자기 주인공의 자리를 지키는 것으로, 대단히 어렵고도 어려운 문제입니다만 자기 자성자리를 찾기만 하면 마음 가운데 일체 시비가 끊어집니다. 일체 그 마음 가운데 갈등이 없어집니다.

수처작주隨處作主라는 말이 있지요. 그 말처럼 내가 이르는 곳마다 하는 일마다 주인공이 되어버리는 겁니다. 그러니 번민과 갈등이 생길 리가 없지요. 우리 마음이 시끄럽고 우리 마음이 뒤숭숭한 것은 자기 주인공이 외출했다거나 자기 주인공이 정신이 없어졌기 때문입니다. 그렇습니다. 자기 주인공을 반듯하게 지니고 자기 주인공을 바로 지니면 모든 번민과 갈등은 쉬어지고 반드시 평화가 찾아들게 되어 있습니다.

그래서 우리는 자기 주인공, 분명한 자기의식, 주체적 자각 이런 것을 늘 생각해야 합니다. 그리되려면 늘 참선하고 기도해야 하는 것이지요. 국가도 마찬가집니다. 잠시 구한말을 생각해 보세요. 우리나라가 주체적 자각이 없던 시절, 국민정신이나 국가정신이 없었을 때는 주위 열강들이 우리나라를 짓밟고 가지 않았습니까? 그러다 나중에는 주권까지 뺏겼지요. 주권을 뺏겼다는 건 뭡니까? 자기 주인공을 잃어버렸다는 거지요. 반면 자기 주인공만 견지하면 정말 호랑이가 나타나도 겁날 게 없어요. 호랑이한테 물려가도 정신만 차리면 산다는 게 바로 자기 정신, 자기 주인공을 챙기는 거거든요.

사흘 동안이나 굶은 호랑이가 있었습니다. 먹이를 찾아 이리저리 돌아다니다가 어설프게 쭈그리고 앉아 있는 토끼를 발견했습니다. 그래서 얼른 다가가 발로 탁 낚아챘지요. 그런데 토끼란 놈이 하는 말이 놀라지도 않고 침착하게 말합니다.

"이거 놔, 임마!"

감히 토끼가 그런 말을 하니 호랑이가 얼마나 당황했겠습니까? 어안이 벙벙해진 호랑이가 얼떨결에 토끼를 놔줘 버렸어요. 감히 토끼가 자기한테 고함을 질러대는 그런 일은 상상도 못하고 당한지라 호랑이가 정신이 나간 거지요. 반면 토끼는 정신 바짝 차리고 있었던 것이겠지요.

다음 날 겨우 충격에서 깬 호랑이는 그 자리에 다시 갔습니다. 가보니 토끼가 또 앉아있는 거예요. 그래서 발로 탁 낚아채었습니다. 그러자 토끼가 말합니다.

"나야, 임마!"

그 소리를 들은 호랑이는 토끼가 정말 대단한 놈인가 보다 싶어서 지레 겁을 먹고 놔 줘버렸습니다. 잘 생각해 보세요. 이런 일은 우리 세간에도 얼마든지 있을 수가 있습니다. 그래서 또 하루를 굶은 호랑이는 멀리 다른 골짝으로 사냥을 갑니다. 어제 그 토끼 마주치지 않으려고 말이지요. 그렇게 다른 골짜기에서 토끼 한 마리를 보게 되었습니다. 그래서 다가가 발로 툭 치면서 낚아챘지요. 그랬더니 이 토끼가 하는 말이 아주 걸작입니다.

"야, 임마 소문 다 났어!"

그 말을 들은 호랑이는 기절해서 죽어버렸습니다.

우리가 세상을 살다 보면 다급하고 어처구니없는 일을 많이 만나게 됩니다. 가족들 간에도 그렇고 세상 살다 보면 '내가 왜 이런 일을 당해야 하는가?' 하고 스스로가 생각해도 어처구니없는 일을 당하는 경우가 있지요? 그럴 때라도 의식만 또렷하면 됩니다.

위의 이야기처럼 주인공만 잘 견지하면 호랑이가 나타나는 다급한 일이 있더라도 겁날 게 없음을 기억하시기 바랍니다.

06

움직임을 그쳐 그침으로 돌아가면
그침이 다시 큰 움직임이 되나니라.
오직 양변에 머물러 있으니
어찌 한 가지임을 알 것인가.

止動歸止지동귀지하면 止更彌動지갱미동하나니
唯滯兩邊유체양변이니 寧知一種영지일종가

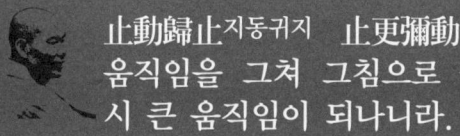

止動歸止지동귀지 止更彌動지갱미동
움직임을 그쳐 그침으로 돌아가면 그침이 다시 큰 움직임이 되나니라.

    움직이는 마음을 누르고 고요한 데로 돌아가려 하나 고요하려는 마음은 점점 더 크게 움직인다는 말입니다.
    우리는 망상이 일어난다고 말합니다. 망상은 일어납니다. 그런데 이 망상이란 놈은 누르려고 하면 그친 듯이 있다가 다시 재무장해서 더 크게 일어나 버립니다. 망상하고 싸울 필요는 없는데 대개 자꾸 망상하고 대적하려고 하기 때문입니다. '이놈의 망상, 이놈의 망상' 이러면 다시 망상을 보태는 것입니다. 그런데 기도하는 사람이나 참선하는 우리 스님들 중에도 보면 망상과 싸우려고 하는 어리석은 사람들이 있습니다. '망상을 일으키지 말아야지' 라고 생각하는 이것이 곧 망상입니다. 망상에 신경 쓸 것이 아니라 화두話頭 챙기는 일에 더 신경을 쓰고 본분사를 분명히 해야 합니다. 기도하는 사람이라면 관세음보살님만 챙기면 되는 것이지 망상하고 붙어서 자꾸 싸울 일이 아니라는 것입니다. 망상은 달래려고 해도 안 되고 윽박지르려고 해도 안 되는 것이기에 아예 망상하고는 상대를 하지 말아야 합니다.

　움직임을 그쳐 그침으로 돌아가면 즉, 망상이 그쳐 그침으로 돌아가면 다시 큰 망상이 되어 나타납니다. 그래서 망상하고는 상대하지 말고 화두나 관세음보살님과 친하면 될 일이라는 말이지요.

　망상을 억제한다는 것이 어떤 것인가 한 번 보세요. 정원의 잡초를 우선 돌로 눌러놓아 봅니다. 그러면 그 돌에 짓눌린 잡초는 얼마 뒤면 옆으로 삐죽삐죽 기어나옵니다. 돌 옆으로 머리를 쳐들고 나오지요? 그리고 나중에 돌을 젖혀 놔 봐요. 그 돌에 깔려있던 잡초들은 새하얗게 변해 있습니다. 그렇지만 며칠 가지 않아 그냥 머리를 쳐들고 파랗게 다시 일어섭니다. 번뇌 망상도 그와 같습니다. 억지로 눌러놓으면 사라진 것 같지만 끝까지 그렇게 있질 않습니다. 다시 고개를 쳐들고 일어납니다. 그침이 다시 큰 움직임이 되나니라, 아주 재미있는 말이지요?

마음 가운데의 번뇌 망상이 다 잡초거든요. 그런데 내 마음의 곡물밭을 망치는 것이 바로 그 잡초 아닙니까? 마음밭에서는 영양가 있는 곡물이 나야 하는데 번뇌와 망상 같은 잡초들이 성해서 곡물을 잠식하고 뿌리까지 해쳐 자라지 못하게 합니다. 그렇다면 곡물을 잘 자라게 하기 위해 번뇌 망상을 해치워야 하는데 어떡해야 하는가? 바로 수행입니다. 업장을 녹이려면 수행하는 수밖에 없습니다.

금실이 별로 좋지 못한 할아버지 할머니가 있었습니다. 하루는 길을 가다가 떡볶이 가게를 보고 할머니가 말했어요.

"영감, 떡볶이 좀 사줘요."

할아버지는 못 들은 척하고 그냥 지나가 버렸지요. 못 들은 척하는 할아버지에게 화가 잔뜩 난 할머니는 영감님을 좀 골려 주려고 다리 아프다는 핑계로 업어 달라고 합니다. 그러자 할아버지는 '그건 돈 드는 일이 아니니까 내 업어 주지' 하고는 업습니다. 업고 가다가 보니 좀 무겁잖아요? 그때 할머니가 말했습니다.

"영감, 무겁지요?"

"그럼! 얼굴은 철판이지, 머리는 돌이지, 간은 부었지 그러니 당연히 무겁지!"

그 말을 들은 할머니는 더 크게 성질이 나버렸지요.

이렇게 두 사람 모두 화가 난 채로 한참을 가다가 지친 할아버지가 할머니에게 말했습니다.

"나도 다리가 아프니 이제는 할멈이 업어주지?"

할머니는 기가 찼지만 힘겹게 할아버지를 업고 걷습니다. 이때 할아버지가 약 올리는 목소리로 이렇게 말합니다.

"그래도 생각보다 가볍지?"

이 말을 들은 할머니는 찬찬히 자상한 목소리로 미소까지 지으며 말합니다.

"그럼, 가볍지요. 머리는 비었지, 허파에 바람은 들었지, 게다가 양심도 없으니 말이에요."

처음에는 떡볶이로 시작했는데 나중에는 길거리에서 대판 싸우게 된 겁니다.

이것처럼 움직임과 그침이 반복해 가면서 계속 큰 움직임으로 나아가는 것입니다. 이 일을 해결하는 방법은 떡볶이를 사주는 일밖에 없어요. 불교적 수행으로 말하면 참선과 기도를 하면 바로 움직임이 사라집니다. 매일 절에 오면 좋겠지만 그렇지 못하더라도 정기적으로 시간 내서 법당에 나와야지요. 재일에는 반드시 절에 오고 불교 공부도 꾸준히 하면서 부처님과 눈 맞추다 보면 내 마음속에서 쓸데없는 움직임이 사라집니다.

唯滯兩邊유체양변 寧知一種영지일종
오직 양변에 머물러 있으니 어찌 한 가지임을 알 것인가.

움직임도 고요함도 버리고 자성을 바라볼 뿐 양변에 머물러 있으면 일종인 중도의 자성청정심自性淸淨心을 알 수 없다는 말입니다.

양변兩邊이라는 것은 분별 때문에 생기는 시기, 질투 같은 겁니다. 중생심에 머물러 있으니 어찌 한 가지임을 알 것인가의 이 한 가지는 바로 중도입니다. 중도라는 것은 자성청성심의 자리이고 평화의 자리입니다. 우리가 시기, 질투를 하게 되면 자기 마음 가운데의 평화가 깨어져 버립니다. 누구보다 본인이 괴롭습니다. 그러니 평화의 자리를 찾아야겠지요. 평화의 자리가 중도의 자리이며 참생명의 자리, 평온의 자리, 불성의 자리입니다. 말이 복잡해서 그렇지 이 문장에서는 '평화의 자리'가 가장 완전한 말입니다.

중생의 분별심이나 중생의 시기 질투는 자기 자신의 청정심, 자기 자신 본래의 깨끗하고 맑은 그 마음을 흐리게 합니다. 온통 마음을 진흙 펄 밭으로 만들어 버립니다. 마음을 탁하게 하며 참 생명의 자리를 놓치고 잃어버리게 하여 결국에는 자기 자신을 죽이는 일이 되지요. 양변에 머물러 있다는 것은 그런 의미가 있습니다.

불자의 대부분이 여성인데 그런 법우님들에게 여성의 분별심에 대해 이야기 하자니 미안한 감도 있지만 남자들보다 더 훌륭한 사람도 많으니 그런 경우를 생각하고 다음 이야기에 대해서 너무 고깝게는 생각지 마십시오.

중국 역사에 3대 악녀가 있는데 첫 번째 여후, 두 번째 측천무후, 세 번째 서태후입니다. 이들을 보면 여성의 질투가 얼마나 무자비할 수 있는지 소름이 돋을 정도입니다.

여후呂后는 한나라를 세운 유방劉邦의 본처로 성은 여, 이름은 치입니다. 한고조 유방에게는 척부인戚夫人이라는 총비가 있었습니다. 평소 유방이 척부인을 얼마나 사랑하였던지 척부인에 대한 시기 질투가 말할 수 없이 깊었던 여후는 유방이 죽자 척부인을 바로 감옥에 가두어 버립니다. 그것도 모자라 형틀에 묶어 놓고 하루 종일 밥을 먹여 살을 찌우게 합니다. 몸을 망가뜨리려는 의

도였겠지요. 그러나 거기에 만족하지 않고 여후가 직접 척부인의 눈을 빼버립니다. 다음에는 귀를 때려 귀머거리로 만들고, 그 다음에는 양손, 또 그 다음에는 양팔을 잘라 버립니다. 그래도 성이 덜 풀렸는지 돼지우리에 던져 놓고는 '돼지인간'이라고 놀리며 즐거워하였다니 악녀 중의 악녀라는 말을 들을 법도 하지요? 여후의 이런 행동을 본 아들이 그 충격으로 시름시름 앓다가 죽고 말았다니 부모의 잘못으로 자식이 죽는 과보를 받은 것이지요.

측천무후則天武后는 중국에서 여성으로는 유일하게 황제가 되었던 인물로 무측천武則天이라는 이름이 더 널리 알려져 있습니다. 당 고종의 후궁으로 궁에 들어와 본처를 내쫓고 황후가 되었으며, 후일 국호를 주周로 고치고 스스로 황제가 되어 십오 년 동안 중국을 통치합니다. 사남 이녀를 두었던 무후는 자신의 친아들들을 차례로 왕위에 올렸다가 폐위시키고 스스로 황후가 되었는데 그 과정에서 아들과 사위들을 죽여 버리지요. 아들, 사위뿐만 아니라 자매, 조카까지 그녀가 죽인 가족 수만 칠십여 명에 이른다고 합니다.

여후, 무후에 뒤지지 않는 이가 서태후西太后입니다. 열여섯 살에 궁녀로 자금성에 들어간 서태후는 젊음과 미모를 이용하여 청나라 9대 황제인 함풍제의 후궁이 됩니다. 그리고 황제의 유일한 혈육인 아들을 낳고 나서는 정치에 대한 야망을 품게 되지요. 이를 눈치챈 함풍제가 서태후를 제거하려고 하였지만 실패하고 요절해 버리자 정비였던 동태후와 함께 어린 아들을 대신해 수렴청정을 합니다. 사실 동태후와 서태후는 본명이 아니라 궁궐을 반으로 나누어 동쪽에 살았다고 동태후, 서쪽에 살았다고 서태후라고 부른 것입니다. 이때부터 서태후는 후일 황제가 될 친아들을 자신의 권력을 빼앗을 정적으로 여기기 시작합니다. 우리의 상식으로는 이해가 되지 않지요? 게다가 생모인 자신보다 동태후를 더 따르다 보니 자신의 아들을 눈의 가시쯤으로 여겼다고 합니다. 그래서 황제가 된 아들을 정치에서 관심을 돌려 환락에 빠지게 하고, 드디어 환락에 빠진 황제가 몹쓸 병에 걸리자 치료도 하지 않고 죽도록 내버려두었다 하니 세상에 이런 어머니가 또 있겠습니까! 더군다나 임신한 며느리를 구박하여 자살하게 하였으니, 뱃속의 손주도 권력욕의 희생양이 된 것이지요.

경전을 통해 보면 여성들의 고질적인 분별심이나 시기 질투는 부처님 당시에도 만연했던 모양입니다. 부처님께서 여성의 출가를 허용하실 때 많이 망설였던 것도 아마 이런 문제 때문인 것 같아요. 그래서 여성들에게 출가를 허용하는 조건으로 비구니 팔경계八敬戒를 내렸습니다. 부처님 당시에도 질투 때문에 교단이 어수선해졌어요. 그러니 부처님께서 비구니는 반드시 여덟 가지로 비구를 공경하라는 계율을 내리셨던 거지요. 팔경계는 비구니는 비구를 여덟 가지 계로써 공경하라는 내용입니다.

첫째, 보름마다 비구의 지도를 받을 것, 비구의 지도를 받지 않는 것은 계를 어기는 겁니다.

둘째, 비구의 지도에 따라서 하안거를 지낼 것.

셋째, 안거의 마지막 날에는 비구를 모셔 그동안 저지른 자신의 허물을 말하고 훈계를 받을 것.

넷째, 식차마나, 사미니에서 비구니가 되기 전에는 비구에게 비구니계를 받을 것.

다섯째, 비구를 꾸짖지 말 것.

여섯째, 비구의 허물을 말하지 말 것.

일곱째, 무거운 죄를 저질렀을 때는 비구에게 참회할 것.

여덟째, 비구니가 된 지 백 년이 되었더라도 한 살 된 비구에게 절할 것.

이 계들을 살펴보면 그 당시 교단이 얼마나 시끄러웠겠는가를 짐작할 수 있습니다. 특히 여덟 번째 계율은 요즘으로 생각하면 기가 찬 계율이지만 진짜 말썽을 많이 피웠나 봐요. 안 그러고선 이런 계율이 나올 수가 없거든요. 백 살 된, 그러니까 법랍 백 년 된 비구니라 할지라도 막 출가한 비구에게 절해야 한다, 예를 다

해야 된다는 말이지요. 혹시라도 출가에 뜻을 두었던 여성분들이라면 이런 이야기를 듣고는 비구니 될 마음이 아예 없어지지요? 그런데 당시의 교단이 그랬습니다. 교단이 여성들로 인해서 시끄러웠던 모양입니다. 일단 말이 많으니까요. 그런데 여성들 스스로 말하길 '여자는 어쩔 수 없다'고 하지요? 그런데 그렇게 스스로 비하하는 그것이 잘못입니다.

중국의 위대한 사상가였던 공자는, 『논어論語』 양화편陽貨篇에서 다음과 같이 말했습니다.

唯女子與小人爲難養也 유여자여소인위난양야

여자와 소인은 다루기 힘들다. 가까이하면 버릇이 없어지고 멀리하면 원망한다.

여성들이 들으면 기분이 별로 좋지 않은 건 사실이겠지요. 이 말은 공자 선생이 한 말이니 제게 화내실 일이 아닙니다. 혹 이 말에 신경질이 나셨다면 공자 선생에게 신경질 내고, 신경질 내는 자신에게 내야 합니다.

그러나 중국의 3대 악녀와 같이 모든 여성이 다 그런 것은 아닙니다. 사실 우리 주위에는 정말 대보살들이 많아요. 웬만한 것은 그냥 웃고 지내는 대보살들 보셨지요? 무슨 말을 듣든지 간에 웃고 지내는 분들은 한 경계를 넘은 대보살입니다. 그런 분들은 여자라는 한계를 벗어나 중도의 자리에 앉은 분들입니다.

우리는 남자, 여자를 떠나서 스스로 늘 생각하기를, '내가 양변에 머물러 있는가, 내가 극단적인 분별심이나 시기 질투에 얽매여서 정신을 못 차리고 있는 건 아닌가, 그래서 내 스스로 마음의 평화를 깨뜨리고 있는 건 아닌가?' 하고 살펴야 합니다. 그래야 일종一種, 그 평화의 자리에 있게 되는 것입니다.

07

한 가지에 통하지 못하면 양쪽 다 공덕을 잃으리라.
있음을 버리면 있음에 빠지고
공함을 따르면 공함을 등지느니라.
一種不通일종불통하면 兩處失功양처실공이니
遣有沒有견유몰유요 從空背空종공배공이라

一種不通일종불통 兩處失功양처실공
한 가지에 통하지 못하면 양쪽 다 공덕을 잃으리라.

일종인 중도의 자성청정심에 통하지 못하면 양쪽의 공덕을 다 잃어버리게 된다는 뜻입니다.
한 가지에 통한다는 이 말은 중도의 자리, 자성청정심, 진여자성을 말합니다. 양쪽 모두 잃어버린다는 이 말은 어떤 것도 자기 것이 못 된다는 뜻입니다. 다시 말하면 도를 깨치지 못하면 그 어떤 것도 자기 것이 될 수 없다는 말입니다. 정상에 서지 못한다면 모든 갈래의 길을 다 놓치게 되는데 일단 정상에 서게 되면 이리 내려가는 길, 저리 내려가는 길 등 여러 갈래의 그 길을 다 가지게 되는 것이지요. 그래서 여기서는 한 가지에 통하라고 합니다. 즉, 자성청정심을 회복하라는 말입니다.

쌍차쌍조雙遮雙照라는 말이 있습니다. 중도에 있어서 가장 중요한 말이지요. 쌍으로 막고 쌍으로 비추다, 이 말은 쌍으로 부정하고 쌍으로 긍정하다 또는 이것도 아니고 저것도 아니다 이렇게 볼 수 있습니다. 또 있는 것도 아니고 없는 것도 아니다, 남자도 아니고 여자도 아니다와 같이 말할 수 있겠습니다. 이것이 바로 쌍차입니다. 차는 막을 차遮, 조는 비출 조照인데 초월한 자리에서는 두 개가 다시 긍정하는 자리에 들어가기 때문에 쌍조라는 말을 씁니다.

긍정하기 위해서는 초월해야 합니다. 남녀를 초월한 자리에 서게 되면 남자는 남자대로의 특성을 인정하고 여자는 여자로서의 특성을 인정하게 되는 것입니다. 남자의 고집도 인정하게 되고 여자들의 시기 질투도 이해가 돼요. 어느 정도의 단계에 올라서 버리면 거기가 바로 중도의 자리입니다. 초월의 자리, 궁극의 자리에 서고 보면 다 이해가 된다는 이 말이지요. 어쨌든지 우리는 마음을 닦아서 어느 한 경지에 올라서야 됩니다.

절에 열심히 다니는 분 중에는 이 한 가지에 통한 분들이 있습니다. 우리는 도道를 거창하게만 생각하는데 너무 거창하게 생각하지 않아도 됩니다. 늘 그 마음이 어질고 평화스러운 자리에 든 사람이 있지요? 그 누가 뭐라 하더라도 변함없는 그 자리가 바로 중도의 자리입니다. 자성청정심의 자리입니다. 그리되면 그 사람은 무슨 일을 하든지 간에 관계가 없지요. 자기가 마음에 평화를 얻었다면 어떤 행위도 도행道行이 되고 스님들로 말하면 도를 깨치고 난 이후의 모든 행은 다 도행道行이 되고 보살행菩薩行이 된다는 말이지요.

경허鏡虛 스님 같은 분은 문둥병 여자와 한 달이고 두 달이고 같이 살았어도 그게 흠이 되지 않았습니다. 원효元曉 스님도 설총薛聰을 낳았다 하지만 요즘에 와서는 원효 스님을 큰 보살이라 말하지 않습니까? 원효 스님처럼 완전히 어느 한 경지에 통해 버리면 그 어떤 것도 다 보살행이 되고 도행이 되고 적선이 됩니다. 그래서 한 가지에 통하지 못하면 양쪽 다 공덕을 잃게 된다는 이 말은 한 가지에 통하면 모든 것에 다 수용되는 것이라고 이해하면 됩니다.

이렇게 중도라는 것은 쌍차쌍조, 쌍으로 부정하고 쌍으로 긍정하는 자리에서 모든 세상의 진리와 모든 세상의 보람이 있는 것입니다.

 遣有沒有견유몰유　從空背空종공배공
있음을 버리면 있음에 빠지고 공함을 따르면 공함을 등지느니라.

현상이 싫다고 해서 현상을 버리려고 하면 버리려는 생각이 하나 더 붙어서 더욱 현상에 빠지고 본체空가 좋다 하여 쫓아가면 본체를 더욱 등지고 만다는 말로 결국, 취사심을 버려야 무상대도를 성취할 수 있다는 뜻입니다.

현상이 싫다고 해서 현상을 버리려고 하면 현상에 더욱 빠지게 됩니다. '아휴, 이 사바세계 더럽다, 더러워서 이 사바세계에서는 못 살겠다' 이런 말 하지요? 그런데 그렇게 말하면 그 마음과 입이 거칠어져서 더욱더 사바세계에 빠진다, 이 말입니다. 있음을 버리려고 하면 할수록 있음에 빠지는 결과를 낳습니다. 우리가 병에 걸려 몸이 아플 때나 자신의 의지대로 육체가 움직이지 않을 때, '이 몸뚱어리 무슨 소용 있어, 아무 소용없어' 자꾸 이러면서 몸을 학대합니다. 그러면 오히려 그 몸에 집착하는 꼴이 됩니다. 바로 여기서 말하는 견유몰유遣有沒有가 되는 겁니다. 이 말이 아주 깊습니다. 우리 할머니 할아버지들이 연세는 많으시고 후손들 보기는 미안하니까 '아이구, 내가 죽어야지. 죽을 때가 됐는데 왜 이리 안 죽노' 그러시지요? 그건 뭡니까? '죽어야지, 죽어야지' 하는 것은 진짜 육신을 버리려고 함이 아닙니다. 육신을 버리려고 하면 육신에 빠진다, 오히려 집착이란 것에 빠진다는 말입니다. 세상을 부정적으로 보는 사람들이 있지요? 그런 사람들은 오히려 더욱더 부정적인 세상에 빠지게 되는 원리가 이것입니다. 세상을 부정적으로 볼 이유가 없습니다. 그냥 그대로 직시하면 되는 거지요.

공함을 따르면 공함을 등지느니라, 이 말도 아주 대단한 말입니다. 공이라는 것은 진리입니다. 우리가 중생심으로 순수함의 자리에 있는 공의 진리, 본체를 쫓아가면 진리는 도망가 버립니다. 저 멀리 있는 무지개를 쫓아 허겁지겁 가면 무지개는 점점 멀어지지요. 그럼 어떻게 해야 되겠습니까? 집착할 게 아니라 수행을 하면 저절로 진리와 공과 계합하게 되는 것입니다.

돈도 마찬가지입니다. 돈만 쫓아간다고 되나요? 돈만 쫓아간다고 돈이 잡힐까요? 쫓아갈 게 아니라 현재적 지혜를 가지고 열심히 살다 보면 돈과 저절로 하나가 되는 거지요. 화두도 그렇습니다.

"개에게 불성이 있습니까?"
"없다."

이렇게 무無 자 화두가 생겼납니다. 그것처럼 중생심으로 불성이니 진리니 하는 말을 들먹거리면 그 본래의 자리에 있는 것들은 저 멀리 물러나고 마는 것입니다. 우리가 입으로 '부처님 부처님' 하지만 진짜 부처님은 놓아버리는 바로 그 자리에서 진짜 부처님을 찾아야 합니다. 아무리 좋은 것이라도 집착하면 본체와는 거리가 멀어지게 됩니다. 그래서 집착은 일체 할 것이 못 되지요.

인간관계도 그렇습니다. 스토커처럼 질질 따라다니면 그 상대는 도망가고 마는 것이지요. 스스로 인격을 갖추고 교양을 쌓으면 모든 사람이 늘 자기와 함께 하려고 할텐데, 그런 실력이나 인격을 배양할 생각은 않고 집착만 하게 되면 자기가 추구하는 것은 점점 멀어지고 마는 것입니다.

그래서 견유몰유 종공배공, 현실에도 본질에도 집착하지 말 일입니다.

08

말이 많고 생각이 많으면 더욱더 상응치 못함이라.
말이 끊어지고 생각이 끊어지면
통하지 않는 곳이 없느니라.

多言多慮다언다려하면　轉不相應전불상응이요
絶言絶慮절언절려하면　無處不通무처불통이라

多言多慮다언다려　轉不相應전불상응
말이 많고 생각이 많으면 더욱더 상응치 못함이라.

　　　　무상대도를 성취하려면 생각하고 또 생각하고, 설명하고 거듭 설명할수록 점점 대도에서 멀어지고 만다는 뜻입니다.
　이 중생의 말, 중생의 생각은 하면 할수록 부작용을 일으킵니다. 정제되지 않은 생각과 말, 함부로 짓는 삼업, 삼업 가운데서도 구업과 의업은 상대를 피곤하게도 하지만 자기 자신, 자기 자성불, 마음의 고향과도 등지게 합니다.

한편 부처님께서 평생 하신 말씀의 양은 중생 누구와도 견줄 수 없을 만큼 많습니다. 부처님은 팔만사천법문을 설하시고 인도 전역을 안 돌아다니신 곳이 없습니다. 그런데 앞에서는 하면 할수록 부작용을 일으킨다는데 부처님께서 하신 그렇게 많은 말씀, 그 많은 행은 무엇이겠습니까? 그것은 부처님이기 때문에 그리하셔야 되는 것이지요. 청정에 바탕을 둔 지혜 작용이기 때문에 부처님 말씀은 많을수록 좋은 것이지요. 그로 인해서 세상 사람들이 행복해지는 겁니다.

그래서 말이 많고 생각이 많으면 더욱더 상응치 못함이니라, 이 말은 중생들이 말이 많고 생각이 많으면 본심의 자리 본생명의 자리와는 상응치 못 한다는 말입니다.

아이가 얼마나 공부를 안 하는지 아버지가 보기에 속이 터져 하루는 아들을 앉혀 놓고 하나 마나 한 잔소리를 한 시간이나 합니다. 그러다가 아이의 책장을 보니 예전에 사준 링컨 전기가 꽂혀 있는 것을 보고 아들에게 말합니다.

"링컨이 너만 할 때 뭐했는지 아니?"

공부 좀 하라는 이야기지요. 그러자 아들이 말합니다.

"아버지, 링컨이 저만 했을 때 뭘 했는지는 잊어버렸지만 링컨이 아버지 나이에 뭘 했는지는 알아요."

이러니 아버지와 아들의 사이가 좋을 리 없겠지요? 집에서도 말이 많아지면 부작용도 자라납니다.

어떤 남자가 군대를 갔는데 사귀던 여자를 두고 가자니 안심이 안 되는 겁니다. 그래서 하루에 편지를 세 통씩이나 썼어요. 아침에 한 통 쓰고 점심때도 저녁때도, 시간만 나면 편지를 썼지요.

"오늘 양말을 빨았는데 냄새가 심하게 났다. 그중에 떨어진 양말이 있어서 하나 훔쳤다…. 오늘은 라면을 끓여 먹었다. 졸병이 또 하나 들어왔는데 공부를 많이 한 놈이라 자격지심이 생긴다…. 오늘은 팬티를 갈아입다 고무줄이 터져서 갈아 넣었다. 그리고 엄청 더러운 화장실을 청소하느라 애를 먹은 하루였다…."

이렇게 온갖 시시콜콜한 이야기를 다 썼어요. 여자 친구는 처음에는 반가웠지만 나중에는 그 일이 스트레스가 되어 버렸습니다. 그것도 모르고 편지는 계속 날아옵니다.

그런데 매일같이 편지를 쓰고 답장을 쓰던 이 군인에게 어느 날부터는 아예 답장이 오지 않는 것이었습니다. 기다리고 기다리고 아무리 기다려도 답장이 오지 않았습니다. 그리고 마침내 휴가가 되자 제일 먼저 여자 친구에게 찾아갔겠지요? 그런데 기가 찰 일이, 여자 친구가 집배원 아저씨와 살고 있는 겁니다. 얼마나 편지를 많이 보냈는지 그 편지를 전달해 주던 사람과 정이 들어 버린 겁니다. 집배원 아저씨는 말을 많이 하지 않지요? 그냥 편지만 전해주고 가는 게 전부인데 매일 만나다 보니 그만 정이 들어 버렸어요. 말이 많고 생각이 많으면 더욱더 상응치 못함이라, 바로 이렇게 되고 마는 거지요.

그러니 집에서 남편에게 시시콜콜한 이야기 다 하지 마세요. 그러면 남자들은 저만큼 도망가 버립니다. 가정이 왜 시끄러워지겠어요? 시부모님과 있었던 일은 자기 선에서 알아서 할 일이지 남편에게 다 고해바쳐 심기를 불편하게 하니까 최악의 경우 서로 갈라서기까지 하는 것 아닙니까. 자기 선에서 해결할 수 있는 문제는 스스로 해결하고 극히 중요한 것만 드문드문 얘기하시기 바랍니다.

다언다려 전불상응, 말이 많고 생각이 많으면 더욱더 상응치 못함이라, 중생들은 아주 깊이 새겨들어야 할 이야기입니다. 부처님은 말씀을 많이 해 주시고 우리를 챙겨주셔야 하지만, 중생들은 말을 줄이고 생각을 적게 해야 업을 적게 짓는 일입니다.

絶言絶慮절언절려　**無處不通**무처불통
말이 끊어지고 생각이 끊어지면 통하지 않는 곳 없느니라.

언어의 길이 끊어지고 마음 갈 곳이 없어진 곳에서는 자연히 대도를 알 수 있지만 그렇다고 말과 생각이 끊어진 여기에 집착하면 전체가 막히고 만다는 뜻입니다.

완전의 세계, '온 생명체와 온 우주가 하나'라고 하는 한 생명체의 세계에 들어가려면 말과 생각이 끊어져야 됩니다. 언어도 단언어도斷言語道이요 심행처멸心行處滅이라고 하듯이 완전의 세계는 본래 말과 생각이 미치지 못합니다. 여기에서 구차한 언어의 묘사는 반드시 자기 생각에서 비롯되기 때문에 자기의 생각을 비워야만, 생각이 없어져야만 완전의 세계에 들어갈 수 있는 것입니다. 근본적으로 자기 생각이 있다는 것은 알량한 지식, 자기 고정관념, 자기 범주, 카테고리를 벗어나지 못해서 끝내 완전의 세계와 스스로 단절되는 경우가 대부분입니다. 우리가 늘 진리와 마주하고 진리 속에 있으면서도 그 진리의 맛을 보지 못하는 것은 자기의 고정관념이나 자기의 인식 때문에 그렇습니다.

이는 외국어를 배울 때도 잘 드러납니다. 완벽한 외국어를 구사하는 사람들은 자기가 지금까지 알고 있었던 말, 자기가 지금까지 알고 있었던 생각을 끄집어내지 않는다고 합니다. 영어를 오래 배워도 진척이 없고 서툰 사람 대부분은 자꾸 우리말을 생각해서 그렇습니다. 반면, 영어를 완벽하게 구사하는 사람은 지금까지 배웠던 한국말, 한국식의 생각을 하지 않는다고 합니다. 이와 같이 세속의 학문이나 말을 배우는 것도 그러한데 진리와 하나 되기 위해서는 더욱더 자기 말과 생각을 접어 두어야 하는 것이지요.

그리하여 우리가 말과 생각이 끊어진 그러한 자리에 들어가려면 반드시 수행을 해야 합니다. '수행에 들어와서는 말과 생각을 어떻게 끊을 것인가?' 하다 보니 화두話頭가 등장한 것입니다. 중생의 인식 능력으로는 도저히 해결이 안 되니까요.

운문雲門 스님께 어떤 젊은 수좌가 물었습니다.
"스님, 무엇이 부처입니까?"
그때 운문 스님께서 이렇게 대답하지요.
"간시궐乾屎橛, 마른 똥막대기이니라."

운문 스님의 말 여기에, 지금 이야기하고 있는 말의 길과 생각의 길이 완전히 끊어집니다. 은산철벽銀山鐵壁이 되는 거지요. 이처럼 우리의 생각, 말길을 끊게 하는 것이 사실은 화두입니다.

그러나 화두가 쉬이 되는 것이 아니라서 잘 안 되다 보니 임제臨濟 스님은 '할喝!' 하고 냅다 고함을 질러서 사람들의 생각을 정지시키는 방편을 쓰셨지요. 이것을 '임제 할喝'이라고 합니다.

그리고 덕산德山 스님은 누가 도道를 물으면, 몽둥이로 때리는 것으로 수행을 독려하셨다고 하는데 이를 '덕산 방棒'이라고 합니다. 생각해 보세요. 중생이 도를 묻는데 그 도가 옳은 도가 되겠습니까? 그러니 몽둥이로 개 패듯이 때린 것이지요.

그것은 기도도 마찬가지입니다. 일체 사량분별思量分別을 다 쉬고 오로지 부처님과 하나 된 자리에 서 있겠다는 그러한 마음만 있어야 합니다. 사실 그러한 마음마저도 나중에는 구차한 일이 됩니다. 오직 기도할 뿐, '일체 내 생각을 끊어야해!', '중생인 내가 부처님을 가지고 이래도 될까?', '부처님이 과연 소원을 들어 주실까?' 하는 이런 것 자체가 다 자기 생각입니다. 중생의 잣대로 부처님의 크기를 재량한다는 것은 참으로 기가 막힌 일이지요. 그래서 우리는 일체 모든 말과 생각을 끊었을 때 부처님의 가피 속에 들어가는 겁니다.

'언어의 길이 끊어지고 마음 갈 곳이 없어진 곳에서는 자연히 대도를 알 수 있지만, 그렇다고 말과 생각이 끊어진 여기에 집착하면 전체가 막히고 만다!', 잘 새겨 두시길 바랍니다.

09

근본으로 돌아가면 뜻을 얻고
비춤을 따르면 종취를 잃느니라.
잠깐 사이에 돌이켜 비춰보면
앞의 공함보다 뛰어나니라.

歸根得旨귀근득지요 **隨照失宗**수조실종이니
須臾返照수유반조하면 **勝却前空**승각전공이라

歸根得旨귀근득지 **隨照失宗**수조실종
근본으로 돌아가면 뜻을 얻고 비춤을 따르면 종취를 잃느니라.

　이 말은 자기의 근본 자성으로 돌아가면 근본을 얻어 무상대도를 성취하고, 자기 생각나는 대로 번뇌, 망상, 업식, 망정을 자꾸 따라가면 근본대도를 잃어버린다는 뜻입니다.
　여기에서 말하는 근본의 자리는 참자아의 자리요, 주인공의 자리입니다. 참자아의 자리, 주인공의 자리에 돌아가면 뜻을 얻는

다 했는데, 이때의 뜻이라는 것은 인생의 진리, 우주의 진리를 말하는 것으로 참자아의 자리, 주인공의 자리에 돌아가면 인생의 진리와 우주의 진리를 알게 된다는 말입니다.

우리는 근본으로 돌아가야 합니다. 근본으로 돌아가면 반드시 거기엔 어떤 의미가 있습니다. 세속적으로도 그렇지요? 술을 아무리 퍼마셨더라도 집으로 돌아가야 돼요. 집으로 돌아가야 가정에 뜻이 있는 겁니다. 우리가 낮에는 바깥으로 아무리 나돌아 다니다가도 저녁에는 집에 돌아가야 합니다. 바로 그 이야기입니다.

수행자도 수행자의 근본이 있습니다. 수행자는 수행자의 근본으로 돌아갔을 때 어떤 의미가 있는 것입니다. 불자는 불자의 근본이, 농사꾼은 농사꾼의 근본이 있겠지요. 사찰의 주지라고 하면 사찰의 책임자로서의 또 그 근본이 있겠지요.

궁극의 근본은 진리의 자리요, 참자아의 자리이겠지마는 이 부처님 말씀이 우리 생활에 응용이 되지 않는다면 이러한 글을 배워서 무슨 소용이 있겠습니까? 부처님의 말씀이 내 생활에 활용이 되고, 내 생활에 도움이 되었을 때 부처님 말씀이 진정 가치가 있는 것이지요. 이것을 늘 자기 얘기라고 받아 들여야 됩니다. 그래서 자기 근본으로 돌아가면 거기에는 반드시 어떤 의미가 있게 됩니다.

지금은 오랜 세월이 지났기에 말씀을 드립니다만, 감포도량이 생기고 얼마 되지 않았을 때, 상좌 한 명을 감포도량 주지로 보냈는데 얼마나 속을 썩였는지 몰라요. 주지라면 밖에서 실컷 놀다가도 초하루 때는 들어와야 해요. 지장재일, 관음재일에는 절에 들어와야 해요. 그게 주지의 할 일입니다. 그런 것도 안하면 사찰의 주지라고 할 수 없지요.

그런데 이 상좌는 초파일 때도 안 들어오는 겁니다. 기가 찬 일이지요. 364일 돌아다니다가도 초파일 때는 돌아와야지요. 그것이 최소한의 근본이지요. 그런데 절에서는 초파일 연등을 만드느라 난리인데도 어디 가서 뭘 하는지 안 들어오는 겁니다. 자식은 마음대로 안 된다 하더니 상좌도 마음대로 안 되더라고요. 그래서 요즘은 자식 마음대로 안 된다는 말이 조금 이해가 됩니다. 하여튼 그래서 불러다가 종아리를 멍이 들도록 두들겨 팼지요. 그렇게 했음에도 정신을 못 차리다가 다른 일로 총무원에 불려가 결국 절을 나가게 되었습니다.

이렇게 번뇌, 망상, 업식을 따라가면 자신을 잃어버리게 됩니다. 바로 종취를 잃는 거지요.

옛날에 어느 농사꾼이 채소밭을 잘 가꾸었더니 사람 몸집만한 무가 하나 나왔어요. 착한 농사꾼은 '이런 희귀한 무는 나 같은 농사꾼이 먹을 게 아니라 우리 고을을 잘 다스려준 사또께 드려야겠어' 라며 순수한 마음을 내어 고운 짚으로 잘 싸서 지게에 지고 사또에게 갔습니다. 그리고 사또에게 말했습니다.

"사또, 제가 수십 년 채소농사를 지었지만 올해처럼 사람 몸집만한 무를 생산한 건 처음입니다. 이게 다 사또께서 이 고을을 잘 다스려 주셔서 그런 것 같습니다. 그러니 이 무는 사또님께서 드십시오."

말을 마친 농사꾼은 무를 사또에게 드렸어요. 사또가 가만 보니 농사꾼의 마음씨가 참 곱고도 곱거든요. 그리고 받으면 주고 싶잖아요? 그래서 하인을 불러 선물할 만한 게 있는지 물었습니다. 하인이 송아지 한 마리를 선물로 받은 게 있다고 대답하자 사또가 말하였습니다.

"마침 잘되었구나. 그 송아지를 이 농사꾼에게 선물로 주어라."

그래서 송아지를 한 마리 얻어서 농부는 돌아왔습니다.

농부의 이웃집 사람이 가만 보니까 무 하나를 사또께 드리고 송아지 한 마리를 얻어 왔으니 자기도 슬슬 욕심이 나는 겁니다.

'나도 사또께 뭐라도 하나 드리면 선물을 주시겠지. 무 하나를 드리고 송아지 한 마리를 받아왔으니, 나는 송아지 한 마리를 드리면 분명 어마어마한 선물을 받을 거야.'

그래서 송아지 두 마리 중, 괜찮은 놈 한 마리를 끌고 사또에게 갔습니다.

"사또, 제가 송아지를 수십 년 키웠지만 이렇게 털이 보들보들하고 윤기가 나는 송아지는 올해가 처음입니다. 그래서 이 송아지를 사또께 드리려고 끌고 왔습니다."

사또가 가만 생각해 보니 참 고맙고 기특한 생각이 들어요. 그래서 또 하인을 불렀어요.

"여봐라, 요사이 선물 들어온 게 있느냐?"

"다른 것은 없고 며칠 전 아주 큰 무 하나가 선물로 들어왔습니다."

그러자 사또가 말했습니다.

"그래, 그럼 그 무를 가져와 이렇게 튼실한 송아지를 선물로 가져온 이 사람에게 답례로 주어라."

그 사람은 결국 송아지를 주고 무를 상금으로 받아 가게 되었습니다.

순수하고 깨끗하면 가히 알 수 없는 무량대복無量大福이 쏟아집니다. 그런데 얄팍한 꾀를 내어 자기 마음 가운데 장난심이 일어나면 있던 것도 다 빼앗기게 됩니다. 흥부의 마음, 놀부의 마음이 그 한 예이지요.

그러므로 근본 자성자리를 찾아야 합니다. 그리하면 큰 걸 얻게 되는 겁니다. 대신에 비춤을 따라 망상, 업식, 꾀를 내면 종취, 가지고 있던 송아지도 잃어버리는 결과를 낳습니다.

귀근득지歸根得旨 수조실종隨照失宗의 뒷 문장, 근본 종宗 자와 앞의 문장, 뜻 지旨를 합치면 종지宗旨가 됩니다. 불교의 종지宗旨가 무엇이냐는 말을 많이 합니다. 종지는 근본 취지根本趣旨라는 말입니다. 그리고 근본 취지를 잃지 말아야 된다는 말은 방편에 머물러서는 안 된다는 뜻입니다.

특히 불자들의 신행생활이 더욱 그러합니다. 절에 다니다보면 수행은 뒷전이고 절에 그냥 재미로 다니는 사람들이 있습니다. 진짜 불자들이 해야 할 수행인 참선, 기도, 부처님 공부 그리고 봉사 이런 것들은 전혀 도외시한 채, 노는 데만 관심을 두어서는 안 될 말이지요.

우리절에도 백팔기도순례단이 있습니다만 열심히 공부하면서 다니는 것은 괜찮습니다. 그러나 놀기 삼아 쫓아가는 사람들이 있어요. 또 어디에 큰스님이 있다는 소리를 들으면, 그 사람의 사상이나 공부를 배우려는 진실한 마음은 없고 그저 얼굴 보려고 쫓아가는 사람들도 있습니다. 그런데 그러한 것이 바로 종지를 잃어버리는 겁니다. 불교를 오래 믿다가도 안 믿게 되는 사람이 가끔 있지요? 그게 바로 종지宗旨, 근본 취지를 놓쳐서 그렇습니다. 근본 취지인 '나는 불자로서 무엇을 해야 할 것인가?'를 잊어서는 안 됩니다. 그림자만 쫓아다니다 보면 나중에는 허망해 집니다. 수행하고 공부하고 봉사하는 것 이외에는 모두 그림자와 같다고 생각해야 합니다.

얼마 전 평소 아주 잘 알고 지내던 언론사 사장님이 우리절에 왔었습니다. 이야기를 나누던 중에 본인은 가톨릭 신자이고, 부인은 처녀 적부터 성당을 다녔다고 합니다. 그리고 시집올 때 친정 언니가 선물한 조그마한 성모 마리아상을 화장대에다 올려놓았다고 합니다. 절에 다니는 시어머니가 그것을 보시더니 '야야, 이게 뭐고?' 하시기에 '예수님의 어머니 성모 마리아입니다.' 하고 설명을 한 겁니다. 그랬더니 시어머니가 당장 가져다 치우라고 했답니다. 옛날 사람들이니 말은 또 잘 듣지요. 그래서 성모 마리아상을 싸서 말아가지고 다시 친정 언니한테 보냈습니다.

그 뒤로 부인은 시어머니를 따라 십 년 이상 절에 잘 다녔다고 합니다. 그런데 십 년 이상 다니면 뭐해요. 어디 큰스님 계신다고 하면 거기 가서 얼굴 한 번 보고, 저기 계신다고 하면 또 거기를 쫓아가는 겁니다. 얘기를 들어보니까 안 간 곳이 없을 정도였습니다. 하지만 가기는 갔으되 절 껍데기 구경하러 다닌 것 같아요. 다른 사람이 봤을 때 이 부인은 독실한 불자입니다. 대구에서 강화도 보문사가 어딥니까? 거기까지 갈 정도면 신심이 대단하지요.

그런데 진짜 공부, 진짜 기도는 안 한 겁니다. 어디 절에 가서 스님에게 점이나 보는 정도로 절에 다녔으니 불교를 샤머니즘 비슷한 걸로 생각했다는 겁니다. 그런데 사실 대부분의 불자가 그래요. 아무리 점 보러 다니지 말라고 해도 점 보러 다녀요. 아마 이 책을 읽고 계신 분들 중 올해도 어디 가서 신수 본 사람이 반도 넘을 겁니다. 이게 문제라는 것입니다.

그 사장님 말이 시어머니가 돌아가신 뒤 얼마 못 가 부인은 불교를 외면하고 다시 성당에 다니기 시작했다고 합니다. 그리고 처음에는 아이들만 데리고 성당에 가더니 나중에는 본인에게도 가자는 걸 안 간다고 하였더니 화를 내고 신경질을 내서 가정을 편하게 하려고 어쩔 수 없이 성당에 다니게 되었다고 합니다.

불자들이 수행하고 공부하고 봉사하지 않으니까 종지를 잃어버리고 나중에는 진짜 자기의 불심, 진짜 종지와는 십만 팔천 리 멀어지고 마는 거지요. 우리는 근본자리, 종지를 절대 잊어버리면 안돼요. 근본으로 돌아가면 뜻을 얻고 비춤 즉, 번뇌망상煩惱妄想, 업식망정業識妄情을 따르면 종취를 잃는다고 하였습니다. 기억하시기 바랍니다.

불교가 발전하지 못하는 이유 가운데 대표적인 하나가 바로 사찰 입장료입니다. 입장료 때문에 절마다 포교가 안 됩니다. 입장료가 없다고 생각해보세요. 절마다 스님들마다 한 사람이라도 법당에 더 들어가게 하려고 애를 쓰겠지요? 가만있어도 입장료 쑥쑥 내고 들어오니 우선에는 절 운영이 되는 것 같지만 그게 그렇지 않습니다. 요즘 사찰에 들어오는 사람 수도 옛날과 차이가 큽니다. 한 해 한 해 현격하게 그 인구가 줄고 있습니다. 사찰 입장료가 없어지면 다른 종교인이나 무종교인들이 절에 더 많이 갈 것은 분명합니다. 수학여행과 같은 단체 관람객도 더 많을 것이고, 봄가을 등산하다가 들어가는 사람도 더 많아 질 것입니다. 절에 가는 인구가 늘면 그만큼 불교문화나 불교에 관심 갖는 사람도 늘어날 것입니다. 그런데 사찰 입장료가 절에 가던 사람들의 발길마저도 점점 돌리게 하는 게 지금의 현실입니다.

　사찰이 보유하고 있는 문화재나 국립공원의 보수와 관리를 위해 재정이 필요하다고 하지만 그것은 국가재원으로 해도 됩니다. 굳이 입장료 안 받아도 국가예산으로 하면 됩니다. 우리나라의 문화재이니까 당연히 국가에서 보수를 해줘야지요. 우리나라에 있는 명산이면 이 명산은 나라의 재산으로서 나라에서 당연히 관리해야 합니다. 절과 함께 있는 국립공원의 경우 절이 아니라 공원에만 들어가려고 해도 사찰 입장료를 받습니다. 그러니 불평불만들이 많죠.

이것은 불교가 종지를 잃어버리고 헤매고 있는 것입니다. 사찰의 스님들이 불교가 무엇을 해야 하는지 종지를 잃어버린 것으로 큰 문제입니다. 절에 들어오는 사람들에게 법을 가르치고 기도를 가르치고 참선을 가르치고 봉사를 가르쳐야 하는 게 불교의 종지 아니겠습니까?

須臾返照수유반조 勝却前空승각전공
잠깐 사이에 돌이켜 비춰보면 앞의 공함보다 뛰어나니라.

이 말은 잠깐 동안에 돌이켜 비춰보고 자성을 바로 깨치면 '공하다, 공하지 않다' 하는 것이 다 꿈같은 소리라는 뜻입니다.

'앞의 공함'이라 하는 것은 공하다, 공하지 않다 하면서 공에 대한 잡다한 이론을 내세워 놓은 것을 말합니다. '이 세상은 다 공이야, 공이니까 우리가 어떻게 살아야 돼?' 이렇게 말만 하는 겁니다. 말에 그치는 것이지요. 이러한 것을 불교에서는 구두선口頭禪이라고 합니다. 말로써 참선을 하고 말로써 공을 논하는 것은 다 꿈같은 소리이니, 선의 이치만 분별하는 의리선義理禪이나 말로

만 하는 구두선을 해서는 안 된다는 말이지요. 즉, 실참實參을 하라는 소리입니다. 그래서 잠깐 사이에 돌이켜 비추어 보는 것은, 구두선을 하는 것 보다 뛰어나다는 말입니다.

'앞의 공함'이라는 것을 좀 더 설명하면, 내 앞에서 전개된 경계와 공의 세계를 인식하는 것입니다. 그것을 우리가 말로써 하는 것입니다. 아무리 공이 어쩌니 저쩌니 한다고 하더라도 공과 계합하는 거기에는 미치지 못합니다. 공과 바로 계합해 버려야 합니다. 우리가 '부처님 가피가 있을까 없을까?', '관음사 부처님은 가피가 대단한 것 같아, 관음사가 성장하는 것만 보아도 관음사 부처님은 능력이 있어, 가피가 크셔' 이렇게 말로만 할 게 아니라 직접 가서 무릎을 꿇고 앉아 기도를 함으로 부처님 가피와 하나 되는 그것이 중요하다는 말입니다.

우리가 『반야심경』을 아무리 잘 왼다 하더라도 진실로 자기가 공의 세계를 체험하지 않는다면 즉, 완전히 자기것화, 자기체험화 하지 않으면 남의 이야기가 될 수밖에 없습니다. 자다가 남의 다리 긁는 것과 비슷합니다. 그래서 우리는 자기 스스로의 힘을 길러야 합니다. 내공을 닦아야 하는 거지요. 옛말에 '선방 문고리만 잡아도 삼악도는 면한다' 하였는데, 그 말은 잠시라도 직접 참선하고, 직접 기도 하는 것이 중요하단 뜻입니다. 그만큼 실참, 직접 하는 것이 중요합니다.

절에 오시는 분들 중 가끔, '나는 공부만 하러 간다'고 말하시는 분이 있는데 그것이야말로 바로 이 얘기에 해당됩니다. 경전공부도 중요하지만, 그보다 더 근원적인 중요함은 잠깐만이라도 정진하는 것입니다. 잠깐 사이에 돌이켜 비춰보는 겁니다.

자기 잘났다고 혀끝으로 말하면 뭐하겠습니까? 그 마음 가운데 저장되고 저축된 힘이 없는데 말이지요. 그 마음 가운데 저장되고 저축된 힘을 얻는 것이 바로 참선하고 기도하는 수행입니다. 힘이 없는데 무슨 용맹이 있겠습니까. 그래서 우리는 늘 생각해야 됩니다. 현재 내 자신이 무엇을 하고 있는지, 그리고 자기 반경이 어느 정도인지 스스로의 능력을 늘 체크해 볼 일입니다. 입으로만 하는 애국이 무슨 의미가 있겠습니까. 수행도 마찬가지입니다. 불교를 사랑한다고 말하지만 진정으로 불교를 사랑하는 방법이 무엇인지, 지금 하고 있는 것이 무엇인지, 입으로만 하고 있는 것은 아닌지 스스로 늘 챙겨야 하는 것입니다.

이 세상이 본래 공의 세계, 본래 평화의 밭이라는 것은 분명한 진리이자 기정사실입니다. 그렇지만 스스로가 마음공부를 해서 내심을 들여다보지 못하면 그것은 모두 다 남의 세계, 남의 밭일 뿐입니다. 이미 모든 것이 우리에게 갖추어져 있는 그것을 말만 자꾸 해서는 안 됩니다. 스스로 그 세계에 뛰어들어야 합니다. 그것을 진실로 온전히 자기 것으로 하려는 그러한 실참이 따라야 합니다.

절에서든 집에서든 '이뭣고?', '시심마' 화두를 들고 관세음보살 염불하고 있다면, '화두를 든 나, 관세음보살을 외우는 나는 무엇인가?'를 늘 생각해야 합니다. 이렇게 자기 마음자리를 늘 들여다보려고 하는 노력이 있어야 합니다.

지금까지 해 온 교리공부는 내 쪽에서 바깥쪽을 보는 겁니다. 이제 다시 자기 마음을 잡아서 그 에너지를 안쪽으로 돌려오는 것이 필요합니다. 자기 마음 가운데에 있는 부처님을 찾고, 자기 마음 가운데 있는 자기 주인공을 찾는 것이지요. 늘 자기 자신을 돌아보는 겁니다. 자각하는 겁니다. 바로 회광반조廻光返照이지요. 바깥으로 치닫던 에너지를 안으로 잡도리해서 자기 자신을 체크하고 자기 자신의 부처님을 찾는 것, 그것이 자기 마음에 힘을 저축하는 길인 것입니다.

開而不偏
열어놓되 치우치지 않는다

10

앞의 공함이 전변함은 모두 망견 때문이니라.
참됨을 구하려 하지 말고 오직 망령된 견해만 쉴지니라.

前空轉變전공전변은 **皆由妄見**개유망견이니
不用求眞불용구진이요 **唯須息見**유수식견이라

前空轉變전공전변 **皆由妄見**개유망견
앞의 공함이 전변함은 모두 망견 때문이니라.

앞에서의 공함이 이렇게도 변하고 저렇게도 변하는 것은 모두 망령된 견해 때문이라는 말입니다. 부처님께서 십팔공十八空, 이십공二十空 등 공에 대해 여러 가지 말씀하신 것은 중생이 못 알아듣기 때문이지 실제로 뜻이 그곳에 있는 것이 아닙니다. 현재도 우리 앞에 공의 세계가 펼쳐져 있습니다. 이렇게 앞에 두고도 경계를 따라서 흘러가는 것은 모두 다 망령된 견해, 망견 때문이라는 말입니다.

공空의 세계라 하는 것은 말 그대로 공입니다. 늘 그대로인 자리입니다. 공은 본래 불거불래不去不來, 가는 것도 없고 오는 것도 없습니다. 또한 불생불멸不生不滅, 나지도 않고 없어지지도 않습니다. 늘 변함없이 그대로, 생명력 그대로 있는 자체가 바로 공의 세계입니다.

본체계本體界를 바로 공의 세계라 볼 수 있는데 본체계의 세계는 늘 그 자리요, 늘 그대로 입니다. 그런데 우리 마음이 뒤죽박죽인 것은 여기서 이야기하는 것처럼 바깥 경계만 따라가다 망령된 견해, 헛된 생각이 일어나서 본체계와 등지게 되어 그런 것이지요.

반면, 공의 세계에 합일되고 공의 세계를 진심으로 체험하는 사람들, 공의 세계에 뛰어든 사람들을 보면 그 마음씀이 늘 한결같습니다. 절에 꾸준하게 다니는 분들 보면 누가 뭐라 하든지 간에 휩쓸리지 않고 늘 여여하게 그 자리를 지킵니다. 공의 세계에 뛰어든 사람, 공의 세계를 체험한 사람이라 볼 수 있습니다.

일시적 기분이나 일시적 망상에 절대 좌우되지 않는 사람들이 있지요? 그것은 자신이 이미 공과 하나가 되고, 우주와 하나가 되어 일시적 망상에 흔들릴 이유가 없기 때문입니다. 공과 하나가 되었다는 말은 우주와 하나가 되고, 내가 우주의 주체가 되었다는 말입니다. 그래서 우주와 하나 된 자기의 주인공을 찾은 사람은 그 주체성, 주인 정신, 주관이 뚜렷하기 때문에 잔잔한 경계에 따라서 흔들릴 이유가 없게 되는 것입니다.

흔들린다는 것은 바로 이 망견, 분별 망상 때문에 그렇습니다. 망견은 대부분 다 잘못된 입력 때문에 그렇습니다. 우리가 내는 모든 망상 분별은 이전에 잘못 받아들인 중생심이 다시 밖으로 표출되는 것인데 예전에 계속해서 잘못 받아들인 것이 고착화되어 그러한 망견이 되는 것입니다.

두 아이가 싸움을 하고 있습니다.
"우리 아빠가 너희 아빠보다 더 좋아!"
"아니야, 우리 아빠가 더 좋아!"
서로 자기 아빠가 더 좋은 사람이라며 싸우지만 여기에서 끝이 나지는 않지요.
"우리 형이 너희 형보다 더 똑똑해."
그러자 다른 아이가 이렇게 얘기합니다.
"무슨 소리, 우리 형이 공부도 더 잘 하고 더 똑똑해!'
이번엔 다시 먼저 말한 아이가 받아칩니다.
"야! 우리 엄마가 너희 엄마보다 더 훌륭해."
이런 말을 들으면 가만히 있을 수 없겠지요. 그래서 또 받아칩니다.

"아니야, 우리 엄마가 더 훌륭해….."

이렇게 말한 아이는 말해 놓고 생각하니 그게 아닌 것 같거든요. 그래서 다시 말합니다.

"그래, 그 말은 네 말이 맞는 거 같아. 너희 엄마가 더 훌륭한 것 같아."

잘 싸우다가 말을 바꾼 이유가 궁금해서 아이가 친구에게 물었습니다.

"왜 그렇게 생각해?"

그러자 아이가 말합니다.

"응, 우리 아빠가 너희 엄마가 더 훌륭하다고 했어!"

무슨 말인지 알겠습니까? 아빠가 평소 '옆집 아주머니는 반찬도 잘하고 옷도 깔끔하게 입고 다니던데 당신은 그게 뭐야, 된장찌개도 맛이 없고 말이야…' 라고 말하는 걸 아이가 들었겠지요. 그래서 아이는 친구 엄마가 더 훌륭하다고 생각한 것입니다.

이 얘기가 우스갯소리 같지만 잘못된 견해, 망견은 사람을 망치는 결과를 낳습니다. 앞의 공함이 전변함은 모두 망견 때문이니라, 아주 멋있는 말입니다.

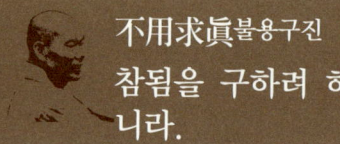
不用求眞불용구진 唯須息見유수식견
참됨을 구하려 하지 말고 오직 망령된 견해만 쉴지니라.

진여본성을 깨치려 하지 말고 망령된 견해만 쉬어 버리면 된다는 말입니다. 즉, 구름이 걷히면 태양이 빛나듯 태양을 따로 찾으려 하지 말고 망상의 구름만 걷어버리면 된다는 말입니다.

망견만 쉬면 될 일입니다. 바다만 잠잠하면 온갖 삼라만상이 그대로 다 비추어지지 않습니까? 바다를 조용하게 하려면 파도를 잠재우면 되지요. 사람들은 드러나 있는 현상인 파도를 잠재우려 애를 씁니다. 그러나 눈에 안 보이는 무엇, 그게 바람 아닙니까? 바람을 잠재워야 하는데 사람들은 눈에 보이는 그 파도를 잠재우려 애를 쓰거든요.

내 마음도 이와 같습니다. 내 마음 가운데에 파랑이 일어납니다. 파도가 거세게 막 일어나면 어떻게 해야 하겠습니까? 이때 자기 마음 가운데 망상이라는 이 파도와 싸울 생각을 하면 안 됩니다. 바로 이 바람을 잠재워야 합니다. 여기저기 경계에 나부끼는 바람을 잠재우는 일은 파도와 붙어 싸우는 게 아닙니다. 그냥 내

버려두는 것입니다. 화두를 잡는 참선을 하거나 기도를 하거나 간에 그 본분사本分事에 충실한 그것이 바로 망령된 견해를 쉬는 지름길입니다.

우리가 공이니 부처님이니 이런 거창한 말들을 많이 하지요. 하지만 이런 말을 자꾸 하다보면 부처님을 구하려고 하고, 공을 구하려는 생각을 내게 됩니다. 그래서 참됨을 구하려 하지 말라고 한 것입니다. 미안하지만 중생의 생각으로 영원의 세계를 추구하다보면 오히려 영원을 놓치고 맙니다. 이 영원의 세계를 추구하려고 따라 붙으면 영원은 흔적도 없이 도망가 버립니다. 그러므로 이 순간 쓸데없는 생각은 다 놓아 버리십시오. 공의 세계와 하나가 되겠다는 이런 쓸데없는 생각은 다 놓아 버리고 정진하는 그 순간, 그 곳에 참됨이 있는 것입니다. 정진의 순간에 참됨이 있습니다. 공을 찾으려고 하는 그러한 욕구에 참됨이 있는 것이 아니라, 정진하는 그 자체에 참이 있습니다.

'부처가 되어야지', '도인이 되어야지', '도를 깨쳐야지' 하는 이런 생각들은 다 부질없는 망상입니다. 우리가 부처님을 만나고 부처님의 가피를 입어야 된다는 이런 생각들도 사실은 다 망견입니다. 진실로 필요한 것은 바로 망견을 쉬는 수행, 현재적 수행만이 참됨의 자리에 들어가는 길이라 할 수 있습니다.

세간법世間法은 구하는 법이지요. 바깥으로 구해야 됩니다. 그렇지만 절에서 구하는 바는 구하는 그 자체를 놓아 버려야 합니다. 구함의 목적이 아무리 크고, 구함의 목적이 아무리 고귀하다 하더라도 그것은 집착입니다. 적어도 이 진리를 찾는데 있어서는 집착입니다. 세간에서 무엇을 구하고자 하는 것과는 많은 차이점이 있지요. 그래서 세간에서는 구함으로써 행복이 얻어지는데, 출세간법出世間法인 불교 안에서는 오히려 놓아 버리는 것이 행복해지는 길입니다. 부처님 법은 놓아 버리는 데 최상책이 있는 것으로 오히려 구하려고 하는 것보다 훨씬 쉽습니다. 구하려고 하면 누군가 남이 줘야 얻어지는 것이 대부분이지만, 놓아 버리는 것은 자기 스스로 할 수 있는 일이니 더 쉽다는 말입니다.

고정관념도 놓아 버리고, 자기의 가치 기준도 놓아 버리고 다 내려놓으면 됩니다. 이는 마음을 비우라는 말입니다. 그냥 허허로이 텅 빈 그 자리, 그 자리가 바로 참됨의 자리입니다. 그래서 참됨을 구하려 하지 말라고 한 것은 진실로 참된 자리는 모든 것을 다 비워 버리는 데 있기 때문입니다.

우리가 절을 하는 데도 어떤 목적을 가지고 하는 경우가 많은데, 비우려고 절하는 것이 절을 하는 의미에 제일 맞습니다. 절은 자기 자신의 몸을 계속 던지면서 비우는 것이기 때문에 마음 비우는 데 좋은 수행입니다. 아무리 증오심이 강하게 일어나더라도 절을 한 오천배쯤 하다보면 그런 마음이 싹 없어집니다. 오천배 정도 절을 했는데도 미운 마음이 남아 있다면 그 사람은 정말 망상이 많은 사람입니다. 이것은 상대에게 문제가 있는 것이 아니라 자신에게 문제가 있는 것입니다. 그래서 절을 할 때는 일체 망상을 떠나서 오직 절만 할 뿐이어야 합니다. 그러면 마음과 내 몸이 날아갈 듯 기분 좋아 지지요. 그 자리가 바로 열반의 자리이고 참됨의 자리이죠. 열반사덕涅槃四德이라는 말도 있지만 열반의 자리는 바로 그런 데 있는 겁니다. 그러므로 구태여 참됨을 구할 이유가 없습니다. 수행하면 거기에 참됨이 있기 때문입니다.

11

두 견해에 머물지 말고 삼가 좇아가 찾지 말라.
잠깐이라도 시비를 일으키면
어지러이 본마음을 잃으리라.

二見不住이견부주하고 愼莫追尋신막추심하라.
纔有是非재유시비하면 紛然失心분연실심이니라.

二見不住이견부주 愼莫追尋신막추심
두 견해에 머물지 말고 삼가 좇아가 찾지 말라.

두 견해는 양변의 변견을 말합니다. 이 변견만 버리면 모든 견해도 따라서 쉬게 되므로 양변에 머물러 선악, 시비, 증애 등 변견을 따르면 진여자성은 영원히 모르게 된다는 뜻입니다.

한번은 택시를 탔는데 그 택시 기사가 정통이든 아니든 간에 불교 공부를 많이 한 사람이었습니다. 그 택시 기사가 하는 이야기가 여기서부터 오십억 광년을 가면 또 다른 은하계가 있는데,

우리를 벌주기 위해서 그 은하계에서 이 지구로 보냈다는 겁니다. 그러므로 여기에서 오래 살면 살수록 더 오래 형벌을 받게 된다는 겁니다. 말이 되지요? 여기에서 얼른 나가는 즉, 죽는 사람은 좋은 세상, 본래의 세계로 간다는 겁니다. 일찍 죽을수록 좋다는 얘기지요. 그리고 이 얘기를 설명하기 위해 교도소를 비유로 들었습니다. 교도소에 오래 있는 사람일수록 죄를 많이 지은 사람이고, 얼른 나오는 사람일수록 죄가 가벼운 것과 같다고 말입니다. 그래서 이 세상에 태어나서 금방 죽는 사람들은 정말 착한 사람이라서 금방 가버린다는 겁니다. 또 이 사바세계에 살기가 얼마나 힘드냐는 겁니다. 부인하고는 어떻게 되었는지 얘기가 없고 대학교 4학년인 딸만 하나 있는데, 그 아이 학비만 다 대어주고나면 미련 없이 절에 들어가겠다고 하는 것이었습니다.

여하튼 그 택시 기사의 생각이 다 맞는 것은 아니지만 삶과 죽음을 고찰하는 데는 참구할 문제입니다. 우리는 살고 있다고 하지만 살고 있는 게 무엇이겠습니까? 죽었다고 하지만 완전히 없어지는 건 또 아니거든요. 그런데 우리는 좀 살아있으면 까불고, 죽으면 죽었다고 또 난리지요?

선이다, 악이다 하는 것도 마찬가지입니다. 이것은 선이고, 저것은 악이라고 자기 잣대로 생각하는 수가 많습니다. 정말 선이 무엇인지, 정말 악이 무엇인지 곰곰이 생각해봐야 할 문제입니다.

『티베트 체험과 달라이라마 친견』이라는 책에서도 말했습니다만, 조장鳥葬이 무엇인지 아십니까? 조장은 새에게 시신을 먹게 하는 장례법인데 천장天葬이라고도 합니다. 새가 육체를 먹으면 바로 하늘로 승천한다는 믿음과 함께 고산이라 썩지 않는 기후 영향 때문에 이러한 장례가 발달하였습니다.

그런데 서양의 어느 언론에서 티베트의 조장 풍습을 두고, '티베트인들은 미개인 중의 미개인이다'라고 소개해 버렸습니다. 하지만 다른 사람이 다른 안경을 끼고 보았을 때 악惡이 되는 그것이 티베트인들에게는 선善인 것입니다.

결국 선악이라 하는 것도 인간의 분별심이 만듭니다. 현재 나의 가치관과 판단이 정확하다고 생각하지만 그 가치관과 판단 중에는 인식의 오류나 욕심이 만들어 내는 것이 많습니다. 다 분별심이지요.

육조 혜능 스님이 오조 홍인 대사로부터 법을 받고 가사와 발우를 들고 도망을 갑니다. 그리고 대유령 고갯길을 넘어서 가는데 뒤에 4품 장군 출신의 혜명惠明 스님이 발우를 뺏으려고 쫓아옵니다. 대유령 고갯길을 혜명 스님이 쫓아오니 혜능 스님은 겁이 나서 발우를 바위 위에 올려놓고는 숲 속에 숨습니다. 혜명 스님이 바위 위 발우를 보고는 취하려고 번쩍 들어보지만 발우가 안 들렸지요. 한참을 끙끙대며 애썼지만 들리지 않자 두려움을 느끼고는 숲 속에 숨어있는 혜능 스님을 불러 묻습니다.

"발우가 왜 들리지 않습니까?"

이때 혜능 스님이 하신 말씀이 다음과 같습니다.

"불사선不思善 불사악不思惡, 선도 생각지 말고 악도 생각지 말라!"

정법을 잇겠다고 하는 그 생각은 착합니다. 나쁜 건 아니지요? 그렇지만 억지로 발우를 뺏으려고 하는 것은 나쁜 것입니다. '지금 내가 하는 이 행동이 착한 것인가? 나쁜 것인가?' 자꾸 분별하는 것은 자기 마음속의 본심을 흐리게 합니다. 본심 자체를 흩뜨려 놓는 겁니다. 아주 근원의 자리는 선도 악도 없습니다. 그래서 '불사선 불사악' 이라고 말씀하신 것이지요.

우리 중생의 소견이라고 하는 것은 다 자기 욕심에 기인하여 색안경을 끼고 세상을 바라보지요. 그래서 세상 그대로를 볼 수 없는 것입니다. 색안경을 저만치 벗어던지는 일, 그게 바로 수행입니다. 또한 '불사선 불사악'의 자리에 들어가는 것이기도 합니다. 옳고 그름은 모두 자기 생각일 뿐입니다. 적어도 이 마음 닦음에 있어서는 옳고 그름을 판단하고 자기 아집을 부려서는 안 됩니다.

이견부주, 두 견해에 머물지 말라는 말은 편협한 견해를 갖지 말라는 말입니다. 편협한 견해는 분명히 고통을 수반합니다. 편협한 견해가 생기면 그 상대의 장점까지도 눈에 안 들어옵니다. 그 사람의 본체를 볼 수 없는 것이지요. 우리는 마음을 비우고 비워서 상대의 본모습을 보아야 합니다. 상대의 본모습을 본다는 것은 바로 진리의 본모습을 보는 것과 같습니다. 만일 남의 단점만 보인다면 결국에는 자기 자신이 엉망진창이 되어 버립니다. 생각을 잘 해야 됩니다.

조선조의 명재상 황희 정승의 노비들이 서로 다투고 있었습니다. 다툼의 시비가 가려지지 않아 결국 황희 정승에게 가서 고하지요. 한 노비의 말을 들은 황희가 말합니다.
"그래, 네 말이 맞다."
그러자 다른 노비가 억울하다며 고합니다. 그러자 황희가 또 말하지요.
"그래, 네 말도 맞다."
그것을 지켜보던 부인이 묻습니다.
"왜 이 사람 말도 맞다 하시고, 저 사람 말도 맞다 하십니까?"
그러자 이번에도 황희는 같은 대답을 하지요.
"듣고 보니 부인 말도 맞소."

분별심을 내지 말라는 것이겠지요.

조주 스님께서는 누구든지 찾아오는 사람에게 차를 대접했습니다.
하루는 스님을 찾아온 이에게 물었습니다.
"자네는 여기 와 본 적이 있는가?"
"예, 전에 스님을 한 번 뵈었지 않습니까?"
"그럼 차나 한 잔 하게."
그리고 다음 날, 멀리서 조주 스님을 찾아온 사람에게 물었습니다.
"스님, 인사드립니다."
"자네는 오늘 여기 처음인가? 두 번째인가?"
"예, 저는 오늘이 처음입니다."
"아, 처음이면 차 한 잔 해야지."
후일 시봉드는 상좌가 궁금하여 스님께 여쭙습니다.
"스님, 왜 처음 왔다고 해도 차 한 잔, 몇 번째 왔다고 해도 차 한 잔 하라고 하셨는지요?"
"그래? 너도 차 한 잔 해라."

우리가 가지고 있는 이 생각이라는 것은 참으로 하잘것없을 때가 많습니다. 두 견해에 머물지 말고 삼가 좇아가 찾지 말라는 말은 전체를 보라는 말입니다. 중도中道의 자리에서 전체를 보라는 뜻입니다.

纔有是非재유시비 紛然失心분연실심
잠깐이라도 시비를 일으키면 어지러이 본마음을 잃으리라.

시비가 생기면 자기 자성을 잃어버린다는 말입니다. 누구든지 불법이 옳고 세법이 그르다든지, 세법이 옳고 불법이 그르다든지 하는 조금의 시비심이라도 있으면 큰 병이라는 뜻이지요. 아주 재미있는 말입니다. 불교입문 기초교리 책인『새로운 불교 공부』에 임제臨濟 의현義玄 스님의 다음 글이 수록되어 있습니다.

是是非非都不關 시시비비도불관
山山水水任自閑 산산수수임자한
莫問西天安養國 막문서천안양국
白雲斷處有靑山 백운단처유청산

옳거니 그르거니 상관을 말고
산이건 물이건 그대로 두라.
하필이면 서쪽에만 극락세계랴
흰 구름 걷히면 청산인 것을.

옳거니 그르거니 자꾸 따지지 말라 하였습니다. 물론 부처님께서 말씀하시는 것과 다릅니다. 부처님은 모든 진리를 정확하게 보고 계시는 안목에서 그 사람을 제도하기 위해서 말씀하시지만, 중생심에서 옳거니 그르거니 따지는 것은 오히려 이 세상을 뒤죽박죽으로 만드는 것입니다.

산이면 산이고 물이면 물이지, 그것을 두고 우리는 '산이 좋아, 강이 좋아?' 하고 묻지요? 산은 좋고 강은 나쁘고, 강은 좋고 산은 나쁜 게 어디 있겠습니까? 그저 산도 좋고 물도 좋은 것입니다. 이는 취사심을 일으키지 말라는 말입니다. 이것이 바로 전체적 중도의 입장에서 보는 안목인 것입니다.

가끔 어른들이 아이에게 묻습니다.
"아빠가 좋아, 엄마가 좋아?"
지금 애라고 놀리는 겁니까? 미안하지만 똑똑한 아이는 대답을 않지요. 그것은 수준 이하의 질문입니다. 수준이라고 하는 것은 나이로 따지는 문제가 아닙니다. 지혜의 정도입니다. 아빠는 아빠대로, 엄마는 엄마대로 좋은 것이지 왜 비교하여 선택을 강요하느냐는 말이지요.

세상이치가 다 그렇습니다. 시비를 따지지 말라고 하였지만 사실 그러기가 힘이 들지요. 자녀가 원하는 대학에 척척 들어가면 다 좋지요. 그러나 설혹 떨어진다 하더라도 그만한 가치가 또 있습니다. 현재의 결과만 보고 낙담하거나 실망할 필요가 전혀 없습니다. 그만한 대가와 공이 그대로 다 남아 있습니다.

현재의 사업이 좀 잘못되었다 해서 그것 때문에 몸져누울 이유가 없습니다. 잘 생각해 보면 거기서 또한 큰 것을 얻습니다.

결국 다 본전입니다. 왜 그런가 하면 이 세상 자체가 공의 세계이기 때문입니다. 몸이 건강하면 좋지요? 그렇지만 몸이 비실비실 하더라도 절대 나쁠 것 없습니다. 골골 팔십이란 말이 왜 있겠습니까? 몸 하나 병이 들면 더 나빠지지 않으려고 술도 끊고 담배도 끊고 운동도 하다 보니 약골인 그 사람이 더 오래 삽니다. 그러므로 현재 당하고 있는 문제, 설령 그것이 죽음이라 할지라도 절대 비관적으로 볼 이유가 없지요.

우리절에 납골당이 처음 생겼을 때 무진 애를 먹었습니다. 모든 언론이 뉴스 시간에 부정적인 방송을 내보냈습니다. 그렇지만 오히려 그 방송들이 홍보를 톡톡히 한 결과가 되어 버렸습니다.

그래서 좋은 일은 좋은 일대로, 안 좋은 일은 안 좋은 일대로 다 그만한 가치가 있는 것으로, 그것 때문에 흔들릴 이유가 전혀 없습니다.

하지만 사람들은 좋은 일이 일어나면 흔들립니다. 나쁜 일에도 흔들리면 안 되는데 좋은 일에 왜 흔들리십니까? 그 이유는 이것저것 따지는 순간에 근본이 흔들리기 때문인 것입니다. 좋으니 싫으니 하는 일이 다 부질없는 일이지요. 노란색이 좋으니, 푸른색이 좋으니, 빨간색이 좋으니 하는 것은 본인에게 좋아 보이는 것이지 노란색이 빨간색이 파란색이 뭐라 하는 게 아닙니다.

반면 상반된 견해, 편협한 견해, 시기심은 왜 생기겠습니까? 이는 자기 욕심과 습관에 원인을 두는 수가 많습니다.

어떤 사람이 맹장 수술을 했어요. 흔히 맹장은 있으나 마나라고 하지요? 그런데 요즘에는 맹장이 아주 중요한 역할을 하며, 꼭 필요하다는 설도 있다고 합니다. 여하튼 환자가 맹장 수술을 받고 침대에 누워서는 위로받고자 의사에게 말합니다.

"의사 선생님, 맹장은 무용지물이라는데 없어도 끄떡없지요?"

그러자 의사가 대답합니다.

"환자의 입장에선 그렇지만 의사에겐 없어서는 안 됩니다."

그래야 수술해주고 돈을 받게 되겠지요.

어떤 아이가 국어시험을 쳤습니다. 그런데 한 문제만 틀리고 다 맞았습니다. 틀린 그 한 문제는 '보통의 반대말은 무엇입니까?'였는데 이 아이가 쓴 답은 '곱배기'였습니다. 왜 그렇게 썼을까요? 아이의 부모가 중국집을 하고 있었던 것입니다. 그러니 아이는 습관적으로 자신있게 썼고, 백점 맞은 줄 알았겠지요. 하지만 높은 수준의 선생님의 입장에서는 완전 엉터리 답입니다.

세상이 다 그런 것입니다. 그래서 궁극의 자리에서 보면 모두 웃기는 이야기이지요. 재유시비 분연실심, 우리는 조금의 시비 때문에 본 마음자리가 흔들려서는 안 됩니다.

12

둘은 하나로 말미암아 있음이니
하나마저도 지키지 말라.
한 생각이 일어나지 않으면 만법에 허물없느니라.

二由一有이유일유니 一亦莫守일역막수하라
一心不生일심불생하면 萬法無咎만법무구니라

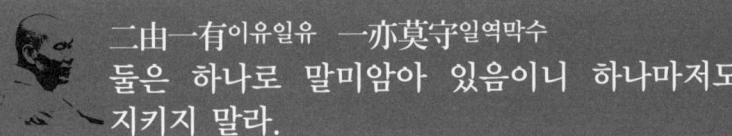

二由一有이유일유 一亦莫守일역막수
둘은 하나로 말미암아 있음이니 하나마저도 지키지 말라.

    둘을 버리고 하나를 취하면 될 거라고 생각하기 쉽지만, 두 가지 변견은 하나 때문에 나며 둘은 하나를 전제하고 있기 때문에 하나마저도 버려야 한다는 말입니다. 즉, 양변을 떠나서 중도를 알았다 하더라도 여기에 집착하지 말고 중도마저도 버려야 원통자재한 경지에 들 수 있다는 뜻이지요.

    여기서 둘이라고 하는 것은 상대적인 것입니다. 대부분이 상대적이지요? 그런데 상대적인 것은 다 하나에서 말미암았고 하나라는 것은 중도의 자리, 본래심, 깨침의 자리 등을 말합니다. 하나로 말미암았다는 말은 모든 현상이 모두 중도에서 비롯되었다, 공에서 비롯되었다는 말입니다. 그런데 '일역막수一亦莫守라, 하나마저도 지키지 말라'고 했습니다.

'일이무일도방하一已無一都放下, 하나마저 더 이상 하나 아니라' 하는 말 들어본 적 있으십니까? 제가 쓴 한시 『산 위의 눈 뜬 물고기』의 한 구절입니다.

우리가 공이니 중도니 말하지만, 공이나 중도에 고집하지 말라는 말입니다. 고집하다 보면 공에 도로 빠져버립니다. 자꾸 '공, 공' 하다 보면 공에 빠지고 말아요. 중도의 자리, 본래심의 자리가 고귀하고 궁극의 자리인 것은 분명합니다만 그곳이 특수한 자리가 아닙니다. 보편적인 자리입니다. 오히려 그 자리는 광대무변해서 그 어떤 것도 버리지 아니하고 포용하고 수용하는 그런 자리입니다. 그래서 공의 자리를 체험한 사람들, 중도의 자리에 선 사람들, 진정한 수행자, 진정한 도인은 스스로 '도를 깨달았네' 하는 그런 거드름을 피우지 않습니다. 오히려 그 전보다 자유분방하고 더 소탈합니다. 왜냐하면 깨침이니 중도니 공이니 하는 그 자리마저도 버렸기 때문입니다. 하나마저도 지키지 말라고 했지요. 하나마저도 가져서는 안 되는 것이지요.

金佛금불은 不度爐부도로하고
木佛목불은 不度火부도화하고
泥佛니불은 不度水부도수로다.
금으로 된 부처님은 용광로를 지나지 못하고,
나무로 된 부처님은 불을 지나지 못하고,
흙으로 된 부처님은 물을 지나지 못하도다.

『금강경오가해』에 나오는 야부송冶父誦입니다. 『금강경 핵심강의』 제6분 해설부분에도 수록되어 있는 게송으로, 그 뒤로 게송이 이어지지만 사실 이것이 가장 진리다운 말입니다.

부처님은 부처님이라고 하는 그 하나의 자리도 지키지 않습니다. 부처님은 '내가 부처인데' 하는 그런 자리를 고집하지 않습니다. 그런 분이 진실로 부처님입니다. 부처님은 언제 어디서나 상대를 만나면 상대와 하나가 되어버리는 그러한 자리에 있는 분입니다. 자기 고집이나 자기 질박함, 자기만의 그러한 생각에 갇혀 있지 않습니다. 그래서 물을 만나면 물과 하나가 되고, 불과 만나면 불과 하나 되는 그런 자리에 완전한 수행자 부처님이 계시고 거기에 부처님의 참 모습이 있는 것입니다.

불심천자 양무제가 초조 달마 대사를 불러 묻습니다.

"여하시성제제일의如何是聖諦第一義, 무엇이 성인의 진리의 궁극입니까?"

"확연무성廓然無聖이라, 넓고 텅 비어서 성스럽다고 할 것도 없습니다."

성인의 진리이니 궁극이니 하면 대단히 성스러운 자리라 생각합니다. 그러나 가장 성스러운 자리는 성스럽다고 할 만한 것도 없습니다. 그런 자리를 지키지 않아야 됩니다. 바로 달마 대사의 확연무성의 자리지요.

그러자 달마 대사에게 다시 양무제가 묻습니다.

"나와 마주한 당신은 도대체 누구입니까?"

"불식不識, 모르겠습니다."

이 말을 남기고 달마 대사는 양자강을 갈대 하나를 타고 건너가 버립니다. 후일 지공誌公이라는 스님이 왕에게 얘기합니다.

"왕이시여, 그 분은 관세음보살이시고, 부처님의 심인心印을 전하는 단 한 분입니다."

"그렇다면 지금이라도 사신을 보내 다시 모셔야겠습니다."

"폐하가 다스리는 온 백성이 가서 사정해도 다시는 오지 않을 것입니다."

초조 달마 대사가 말씀하신 확연무성廓然無聖, 텅 비어서 성스럽다고 할 것이 없는 그 자리가 바로 하나마저도 없는 자리입니다.

사람들은 돈이니 권력이니 명예니 이런 것을 중요하게 생각하고 또 영원한 것으로 생각하여 쟁취하기 위해 사투를 벌입니다. 그렇지만 그런 것을 놓아 버려야 그런 것의 노예가 되지 아니하고 그를 부리는 주관체, 주인공이 되는 것입니다.

그래서 우리는 그것들, 여기에서는 '일의一義'라고 했는데, 그 하나를 지키려고 매달려 있지만 사실 지킬 수도 없습니다. 지킬 수도 없는 것에 매달려서 지키겠다고 하는 것은 착각입니다. 이 착각 때문에 고통을 받게 되는 것이지요. 이렇듯 고통은 상대에 있는 것이 아니라 자기한테 있습니다.

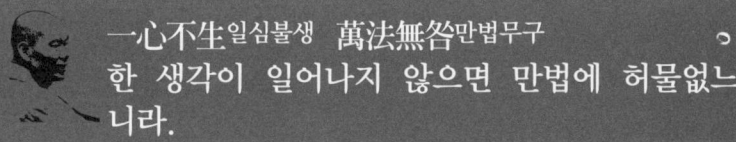
一心不生일심불생 萬法無咎만법무구
한 생각이 일어나지 않으면 만법에 허물없느니라.

즉, 한 생각도 나지 않으면 만법에 원융무애하여 아무 허물이 없다는 뜻입니다. 허물이 없다 함은 양변을 여읜 중도에서 성립됩니다. 즉, 시비심의 두 견해를 버리고 하나마저도 버림으로써 무장애법계無障碍法界가 벌어져 일체에 원융자재하여 이른바 허물이 없다고 하는 것입니다.

心生則種種法生 심생즉종종법생
心滅則龕墳不二 심멸즉감분불이
마음이 일어난즉, 갖가지 경계가 일어나고
마음이 사라진즉, 감실龕室과 분묘墳墓가 둘이 아니더라.

원효元曉 스님의 오도송悟道頌입니다. 의상義湘 스님과 함께 당으로 유학 가던 중, 원효 스님은 간밤에 목이 말라 해골에 담긴 물을 마십니다. 그리고 그 다음 날 아침, 깨어나서 자신이 마신 물이 사실은 해골에 담긴 물이었던 것을 알고는 마음 가운데 크게 깨달음을 일으켜 읊은 게송입니다.

『화엄경』에도 이와 비슷한 구절이 있습니다.

心生則種種法生 심생즉종종법생이요
心滅則種種法滅 심멸즉종종법멸이니
心外無法胡用別求 심외무법호용별구라
마음이 일어난즉 가지가지 경계가 일어나고
마음이 사라진즉 법이 멸하니

마음 바깥에 달리 아무것도 없거늘 달리 무엇을 쓰리요.

여기서도 핵심은 심생즉종종법생입니다. 분별심이 일어나지 않으면 다른 어떤 경계도 일어나지 않습니다.

어떤 사람이 밭을 갈고 있는데, 갑자기 풀숲에서 토끼가 한 마리 튀어나오더니 밭 가운데 서 있는 나무 그루터기에 부딪쳐서 그만 죽어버렸습니다. 시골에 가면 밭둑이나 밭 가운데 나무가 있는 것을 가끔 볼 수 있습니다. 이 토끼는 낮에는 밖에 나와 보지 안았는지 튀어나오다가 그만 부딪쳐 목이 부러져서 죽은 것인데, 농사꾼이 가만 보니 큰 횡재라는 생각이 들었습니다. 그래서 '여기서 가만히 기다리면 토끼를 많이 잡겠구나!' 싶어 다른 일을 다 제쳐 두고 그늘에 누워서 몇 날 며칠이고 토끼만 기다리고 있는 것입니다. 이를 수주대토守株待兎, 그루터기를 지키면서 토끼를 기다린다는 고사입니다.

이 농부를 본 마을 사람들이 모두 '등신'이라고 비웃는 것은 당연합니다. 이 농부가 왜 '등신'이 되었습니까? 바로 한 생각을 일으킨 것이지요. 이처럼 한 생각 일으키니 등신도 되고, 한 생각을 일으키니 만법에 허물이 되는 겁니다.

제가 아무리 똑같은 얘기를 천 명의 대중에게 한다고 해도, 자기 허물만큼만 받아들입니다. 마음이 대원경지大圓鏡智가 되어 버리면 모든 걸 순수한 그대로 받아들이지만 그렇지 않으면 아무리 좋은 말이라도 자기 마음거울의 요철凹凸만큼 받아들입니다. 딱 그만큼 받아들일 뿐 완전하게 받아들일 수가 없습니다.

수행이라는 게 뭐겠습니까? 참선하고 기도한다는 게 무엇이겠습니까? 바로 마음의 요철을 없애는 방법들인 것이지요. 그러니 부처님 뵙고 기도하고 공부하는 것이 얼마나 좋은 건지요!

한 생각이 일어나지 않는 그 자리를 바로 무아無我의 자리라고 합니다. 불교의 사상을 무아라고들 하는데 그 무아가 되어야 합니다. '나'라고 하는 고집이 사라진 그 자리, 텅 빈 그 자리, 중생심의 '나'가 비워진 그 자리가 무아입니다. 거기에는 어떤 것도 수용되지 않는 것이 없습니다. 그래서 만물이 허물이 되지 않습니다. 만 가지가 다 있어서 좋은 거지요. 내가 이미 무아가 되면 내 자신이 만물과 일체가 되어 버립니다. 내가 이미 만물과 하나가 되어 버린 그런 자리에서는 어떤 행위도 문제가 되지 않습니다. 그 사람이 거지 짓을 하더라도 문제가 안 되고, 그 사람이 갈치 장수를 하더라도 문제가 안 되고, 그 사람이 칼을 차고 승병을 일으켜도 문제가 안 되고, 나무꾼이라도 문제가 안 되고, 대통령이라도 문제가 안 됩니다.

만물과 내가 하나가 된다, 만물에 내가 녹아 버린다, 그 얼마나 멋있습니까? 바로 진리와 내가 하나가 되는 자리 아닙니까? 먹을 때는 먹는 대로 좋고, 배설할 때는 배설하는 대로 좋은 것이지요. 목욕탕에 가서 때가 많이 밀리면 잘 밀려 좋은 것이고, 때가 많이 밀리지 않으면 때가 없는가보다 하고 좋은 겁니다. 목욕탕 가서 때 많이 나온다고 신경질 낸다면 그 사람은 그럼 목욕탕 가지 말아야지요.

우리는 쓸데없는 생각을 일으키면 안 됩니다. 생각이 일어나지 않으면 온갖 경계에 허물이 없습니다. 그러니 한 생각을 일으키지 않으려고 모두 애를 써야 합니다. 불교 공부도 그렇고 참선도 그렇고 기도도 그래서 하는 것입니다.

한 생각이 일어나지 않으면 만법에 허물이 없다 또는 한 생각도 나지 않으면 만법에 원융무애하여 아무 허물이 없다, 말은 쉽습니다만 내용이 깊고 여러 각도에서 생각해 봄직한 내용이 많습니다. 글을 재미있게 음미하면서, 꼭꼭 씹어가면서 보셔야 됩니다.

13

허물이 없으면 대상도 없고 나지
않으면 마음이랄 것도 없음이라.
주관은 객관을 따라 소멸하고
객관은 주관을 따라 잠기니라.

無咎無法무구무법이요 **不生不心**불생불심이라
能隨境滅능수경멸하고 **境逐能沈**경축능침이라

> **無咎無法**무구무법 **不生不心**불생불심
> 허물이 없으면 대상도 없고 나지 않으면 마음이랄
> 것도 없음이라.

    이는 한 생각도 나지 않으면 허물도 없고 법도 없다는 뜻입니다. 이 경지는 허물도 법도 없으며 나지도 않고 마음이랄 수도 없으니 이 모두가 없으면 중도가 안 되려니 안 될 수 없다는 말입니다.
    흔히 '그 사람 허물이 있다, 없다' 하고 말하지요? 허물이 없으면 대상도 없다는 말은 반대로 허물이 있으면 대상도 있다는 말입니다. 허물이 있으면 대상이 생깁니다.

'방귀 뀐 놈이 성낸다' 는 말이 있습니다. 방귀를 안 뀌었으면 성낼 이유도 없는 거예요. 그러니까 성내는 이것이 대상이 되는 겁니다. 허물이 있으니까 그 대상, 상대가 생기는 것입니다. 이때 대상이란, 성냄이나 혹은 나하고 같이 앉아 있는 대상입니다. 대상 없이 산 속에서 혼자 방귀를 뀌었다면 성낼 이유가 없습니다. 괜히 미안하고 부끄러워서 성내는 것이지요. 그래서 허물이 있으면 대상이 있다는 말입니다.

그리고 나지 않으면 마음이랄 것도 없다고 하였습니다. 분별심이 나지 않으면 마음이랄 것도 없습니다. 진실한 자리의 마음이란 마음이라고 이름 붙이는 것도 오히려 구차합니다. 진실한 마음의 자리라는 것은 '한 물건' 이라 이름 붙일 것도 없다고 해서 '본래무일물本來無一物, 한 물건이라 할 것도 없다' 이렇게 말합니다. 억지로 마음에 이름을 붙이자니 선禪에서 일물一物이라고 말하는 것이지요.

제 법호法號 무일無一은 무일물無一物의 줄임말도 되는데, 본래무일물이라는 말은 누가 한 말입니까?

菩提本無樹 보리본무수

明鏡亦非臺 명경역비대
本來無一物 본래무일물
何處惹塵埃 하처야진애
보리수 본래 없고
명경 또한 대가 아님이라
본래 한 물건도 없는데
어디에 먼지 앉고 때가 끼겠는가!

바로 육조 혜능 스님의 오도송悟道頌입니다. 그 정도는 다 알고 있지요? 신수神秀 스님이 게송으로 '신시보리수身是菩提樹요 심여명경대心如明鏡臺라, 몸은 바로 보리의 나무요 마음은 맑은 거울이라'라'고 하자 혜능 스님이 대비하여 이 오도송을 남기신 것입니다. 이 오도송 가운데 가장 핵심 되는 말이 '본래무일물' 입니다.

본래 한 물건이라 할 것도 없다, 마음이라 할 것도 없다, 실지로 그렇습니다. 일물, 이 마음은 본래 텅 비고 텅 비어서 청명한 가을하늘처럼 맑고 맑아 아무런 걸림이 없습니다. 하늘이라 할 것도 없습니다. 그냥 우리가 억지로 이름 붙여서 가을하늘이지 그게 어떻게 이름 붙일 수 있는 자리입니까? 바로 진실한 마음의 자리, 일물의 자리는 그러한 자리인 것입니다. 그 어떠한 이름도 붙일 수 없는 그러한 자리가 바로 완전한 마음의 자리입니다.

그래서 마음이 완전히 열리면 일체 대상에 대한 두려움도 없어집니다. 우리가 늘 외우는 『반야심경』에 '무가애고無罣碍故 무유공포無有恐怖'라고 있지요. 마음에 걸림이 없으므로 두려움도 없다는 말인데, 그저 마음이 훤출하게 트여 시기, 질투, 미움 등 허물이 없다는 말입니다. 그렇게 되면 걸림이 없어집니다. 자기 마음 가운데 챙기는 것이 있기 때문에 두려움이 생기는 겁니다. 결국에 허물이 있으므로 대상이 있게 되는 것입니다.

허물이란 말은 잘못, 실수 이런 뜻이거든요. 잘못이 없으면 불편해야 할 대상도 사실 없습니다. 잘못이 없는데 내가 불편해야 할 대상 자체가 어디 있겠습니까?

아이였을 때를 생각해 보세요. 제가 어렸을 때만 해도 시골에서는 남의 과수원에서 사과도 따 먹고, 남의 참외밭도 뒤지고 그렇게들 컸습니다. 그러다 간혹 주인한테 잡히면, 가장 먼저 생각나는 사람이 부모님이었습니다.

'오늘 집에 들어가면 맞아 죽겠구나!'

그 전에는 부모님이 별로 겁나지 않았어요. 형 있는 사람은 형의 얼굴이 왔다 갔다 하고, 삼촌 있는 사람은 삼촌 얼굴이 왔다 갔다 합니다. 들어가면 실컷 얻어맞거든요. 참외밭 주인이 부모님께 분명히 이를 테니까요. 이렇듯 허물을 짓고 나면 온갖 얼굴, 온갖 대상이 다 나타납니다. 허물이 없으면 아무 대상도 없습니다.

　허물을 짓고 법당에 와서 앉아있으면 부처님 보기도 민망스럽지요? 스님 보기도 민망스럽지요? '스님이 혹시 내가 잘못한 거 알면 어떡하나!' 그런 마음이 일어나지요? 그리고 다른 사람이 알까봐 두렵습니다. 그것이 바로 허물이 있으므로 대상이 있는 것입니다. 그렇지만 아무 잘못이 없다면 바깥대상에 대해서 한없이 자유롭지요. 내 마음 가운데 탐진치 등 허물이 없으면 눈에 걸리는 것이 없어요. 자기 마음을 초월해 버리면 바깥 대상이 자기 마음에 차고 들어올 틈이 없기 때문입니다. 그래서 내 마음이 지극히 고요하고 고요해져서 한 생각도 나지 않으면, 그 자리가 바로 편안하고 편안한 완전한 마음의 자리, 일물의 자리가 되는 것입니다. 이름 붙일 수는 없지만 그런 자리가 있습니다. 다른 이유를 붙일 것 없이 그냥 편안할 뿐입니다. 그 자리가 바로 마음이라 이름할 것 없지만 마음의 자리가 됩니다.

　우리는 분별심, 자기 욕심에 기인하여 생각을 하게 되지요. 그런데 그럴 때일수록 기도를 해야 합니다. 내 마음이 고요하고 고요한 그 자리를 찾으려고 애를 써야 합니다.

　치아가 아주 못생긴 여학생이 있었습니다. 남학생들이 이가 못생긴 아이라고 자꾸 놀려대자 화가 나 집에 와서 어머니한테 따졌습니다.

"이가 못생겨서 남학생들한테 인기도 없고, 자꾸만 놀리고 창피해! 이게 다 엄마가 나를 이렇게 낳았기 때문이야!"

그래서 어머니는 교정하면 예뻐진다며 달랬지만, 아이는 계속 화만 내는 것이었습니다. 그러자 어머니도 화가 나서 아이이게 말했습니다.

"얘야, 미안하지만 내가 너를 낳을 때는 너는 이가 없었단다."

말이 되지요?

대상이 있으니 허물도 생깁니다.

能隨境滅능수경멸 境逐能沈경축능침
주관은 객관을 따라 소멸하고 객관은 주관을 따라 잠기니라.

주관은 객관을 따라 없어지고 객관은 주관을 좇아 흔적이 없어지는 것이니, 주관이니 객관이니 하는 것이 남아 있으면 모두가 병통이 된다는 말입니다.

어렴풋하게는 이해가 되지요?

주관은 자기의 주체요 객관은 객체입니다. 주관은 객관을 따라 소멸한다는 말에서 주관이나 객관은 상대를 말합니다. 길을 가다가 혹은 텔레비전에서 진짜 아름답고 멋있는 사람을 보면, 그 사람 이외에는 아무것도 보이지 않습니다. 백퍼센트 그 사람만 보입니다. 그 순간만큼은 자기 자신을 잊어버립니다.

진짜 좋아하는 음악이 흐르면 음악만 있지 자기 귀는 없습니다. 진짜 좋아하는 향내를 한 번 맡아 보세요. 그 순간은 향내만 있지 자신의 코는 없어집니다. 법당에 들어설 때 향내음이 난다면 향내음이 나는 그 순간 우리에게 코는 없지요. 아주 기분이 좋아지는 겁니다. 촉감도 마찬가지입니다. 만지는 그 순간 내 손을 잊어버리지요. 안이비설신의로 비유하자니 그렇습니다. 오로지 상대만 남습니다.

우리가 어떤 연구에 깊이 침잠하면 나라는 것은 잊어버리고 오로지 연구, 그것만 있습니다. 그것이 바로 주관은 객관을 따라 소멸하는 현상입니다. 그리돼야 됩니다. 그것이야말로 극히 자연스런 진리인 것입니다. 내가 상대, 대상에게 백퍼센트 젖어들면 그리 됩니다. 백퍼센트 완벽한 자리는 안이비설신의가 없습니다.

불보살님께서 중생을 구제하고 사랑하실 때에는 오로지 상대, 객관만 있습니다. 객관에 푹 잠겨버립니다. 물에 빠진 자식을 보고 건지기 위해 뛰어들 때는 아무 생각 없이 그렇게 합니다. 뒷일은 아예 생각하지 않습니다. 불보살님께서 우리 중생을 사랑하는 것이 바로 그와 같습니다. 주관은 객관을 따라 소멸해 버립니다. 자기 생각을 하지 않습니다. 완전의 자리에 있는 사람들은 그렇습니다.

그것처럼 우리가 무엇을 하든지 어차피 해야 할 일이라면 자신을 잊을 만큼 그 속에 뛰어들어야 합니다. 진리적 모습이라는 게 여기서 얘기하고 있는 능수경멸能隨境滅 아닙니까? 진리적 삶을 사는 것을 지향한다면 어떠한 일을 하든지 간에 그와 같이 해야 합니다.

기도 수행할 때는 더 말할 것도 없습니다. '관세음보살, 관세음보살, 관세음보살….' 하고 염불한다면 오로지 관세음보살님만 계시고 자기는 잊어버려야 합니다. 그래야 능수경멸의 이치에 합일하는 것입니다. '나'라고 하는 상이 있어 자기 것을 챙기다 보면 기도도 안 되지만 절대로 상대와 합일될 수 없습니다.

어떤 할아버지가 있었어요. 걷는 게 모든 병의 치료에 도움이 되므로 의사 선생님이 하루에 십 리 이상은 걸으시라고 할아버지에게 말했습니다. 그런데 할아버지는 거의 매일을 해변에 떡하니 앉아서 비키니 입은 젊은 사람들 구경만 하고 있는 것이었습니다. 그래서 친구가 할아버지에게 물었습니다.

"의사가 매일 십 리 이상 걸으라고 했는데, 왜 자네는 해변에 앉아서 젊은 여자들만 쳐다보고 있는가?"

그러자 병이 든 할아버지가 말했습니다.

"그런 소리 말게. 이 풍경을 보려고 우리 집에서 십 리를 넘게 매일 걸어오고 있어."

매일 걸었으니 건강은 좋아졌겠지요? 바로 어떤 대상에 몰입하면 병도 낫습니다. 그러면 불자는 어디에 몰입해야겠습니까? 네, 불자니까 부처님께 몰입해야 되겠지요.

경축능침, 객관은 주관을 따라 잠기니라, 말이 어렵지요? 객관이 어떻게 주관을 따라 잠기는 걸까요? 이것은 뒤집어서 생각해야 합니다. 즉, 대상인 객체가 주체에 잠긴다고 해석하면 됩니다.

아무리 아름다운 것도 눈이 없으면 볼 수 없습니다. 이때 눈이 바로 주관이요 아름다운 것이 객관인데, 아무리 아름다운 것도 주관인 눈에 잠깁니다. 눈이 없으면 볼 수 없잖아요? 아무리 좋은 음악이라도 귀가 없으면 들을 수 없습니다. 법당에 향내음이 가득하다 해도 코에 감각이 없는 사람은 맡을 수 없습니다. 그래서 객관이 주관에 따라 잠긴다고 말하는 것입니다. 주관이 객관에 묻혀 오는 거지요.

얼마 전 어느 법우님이 말하길, 한국불교대학에서 큰 가피를 입었답니다. 자기는 평소 향기를 맡지 못하였는데 한국불교대학에서 삼천배 기도를 열심히 했더니 어느 날부터 향내가 확 느껴지더라는 겁니다. 이 법우님처럼 열심히 기도 정진하다 보면 깨진 몸의 균형이 되돌아오기도 합니다.

안이비설신의眼耳鼻舌身意라고 하는 육근六根인 주관이 없으면 색성향미촉법色聲香味觸法이라는 대상이 감지 되지 않습니다. 우리가 바깥 대상을 백퍼센트 감지하려면 이 육근이 청정해야 합니다. 안이비설신의가 청정해야 바깥 대상이 백퍼센트 자기에게 들어옵니다. 주관인 육근의 청정도에 따라 객관이 받아들여집니다. 예를 들어, 안근이 깨끗하면 눈에 보이는 것이 온전히 자기에게 녹아듭니다. 귀가 온전하게 깨끗하면 들리는 모든 것을 다 완전하게 들을 수 있어 자기 것이 됩니다.

진리도 이와 같습니다. 불보살님의 삶, 대원력보살님의 삶이 이와 같습니다. 불보살님 자신의 눈은 너무나 청정해서 상대를 다 자기 쪽으로 녹여버립니다. 다 담고도 남습니다. 불보살님의 귀가 그렇고 코가 그렇습니다. 몸 자체가 그대로 청정하다보니 온갖 중생들을 그냥 다 안아 버리는 것입니다. 불보살님들은 그 어떤 대상도 놓치지 않습니다. 모두 당신 것이라 생각하고, 당신 귀로 들으시고 당신 눈으로 보시어 결국 당신 것으로 합니다. 중생의 아픔을 나의 아픔으로 생각하시고 다 해결하시는 것이지요. 그래서 천의 눈, 천의 손이 저절로 되는 것입니다.

일이 잘 안되고 상대가 자기를 잘 따라주지 않을 때가 있습니다. 일도 사람도 상대입니다. 이 상대가 자기 안에서 잘 녹아지지를 않아요. 그것은 자기 주관에 문제가 있기 때문입니다. 객관이 내 주관 안에 잠겨야 하는데 그렇지 않은 것은 모두 주관의 문제로 주관이 순수하지 못해서 그렇습니다. 청정하지 않기 때문에, 이기적이거나 복선을 깔고 있기 때문에 안 되는 것입니다.

그렇지만 청정한 사람에게는 온갖 것이 그 사람에게 잠겨옵니다. 우리가 법력法力이 있다고 말하는 사람들도 마찬가지입니다. 법력이 있는 사람들에게는 모든 경계가 그 속으로 빨려듭니다.

허물이 없으면 대상도 없고 나지 않으면 마음이랄 것도 없음이니, 주관은 객관을 따라 소멸하고 객관은 주관을 따라 잠긴다, 설명 듣고 나니 쉽지요? 진리라는 것, 어렵지 않습니다. 모든 것이 다 자기에게 들어오는 진리적 삶을 산다는 것, 우리도 분명 할 수 있습니다.

14

객관은 주관으로 말미암아 객관이요
주관은 객관으로 말미암아 주관이니라.
양단을 알고자 할진댄 원래 하나의 공이니라.

境由能境경유능경이요 能由境能능유경능이니
欲知兩段욕지양단인댄 元是一空원시일공이라

境由能境경유능경 能由境能능유경능
객관은 주관으로 말미암아 객관이요, 주관은 객관으로 말미암아 주관이니라.

    객관은 주관 때문에 있고 주관은 객관 때문에 있는 것입니다. 그러므로 주관이니 객관이니 하는 이 모두가 다 병이고, 병인 주관과 객관을 모두 버려야 한다는 말입니다.
    이 말도 알 듯 말 듯하지요? 쉽게 말해서 '너는 나로 말미암아 너'라는 뜻입니다. 너는 내가 있기 때문에 있다, 그렇지 않습니까? 주관은 객관으로 말미암아 주관이니라, '나는 너로 말미암아

나' 즉, '내가 없는데 너는 어디 있겠는가?' 이 말입니다. 상대성으로 놓여 있는 너와 나 이지요. 그런데 나니 너니 너무 고집스레 나누다 보면 결국 서로가 함께 힘들어집니다.

나와 너라는 것은 관계의 설정입니다. 인연법으로도 말할 수 있는데 이왕지사 이렇게 너, 나라는 관계로 만났으니 툭 터놓고 하나가 되면 더 좋겠지요. 그래서 시작한 게 일심동체, 결혼하여 부부가 되었겠지요. 얼마나 하나가 되고 싶었으면 아내는 남편을 '자기야' 하고 부릅니다. 자기는 자기 자신이 자기이지, 왜 남인데 '자기'라고 하느냐는 거지요. 그런데 아내는 남편에게 자기라고 이름을 붙여 준 겁니다. 나쁜 건 아닙니다만, 좋을 때는 '자기'이지만 화가 나면 저는 저이고 나는 나가 되고 말겠지요.

어쨌거나 나이니 너이니 하는 간격을 최소화하는 것이 가장 잘 사는 것입니다. 원리는 너로 인해서 내가 있고 나로 인해서 네가 있다지만 나, 너의 간격을 줄여야 합니다. 왜냐하면 객관은 객관대로만 놀 수가 없고 주관은 주관대로만 놀 수가 없기 때문입니다. 너는 너대로만, 나는 나대로만 살 수 없다는 것이지요. 그런데도 나, 너라고 할 때 이미 둘 사이에 관계가 설정된 것입니다.

지금 한 번 생각해 보세요. 눈이 아름다운 어떤 것을 본다고 하였을 때, 아름다운 것은 대상이 됩니다. 눈만 있어서도 안 되고 아름다운 것, 대상만 있어서도 안 됩니다. 눈도 대상도 다 있어야 합니다. 눈은 눈대로 놀고 대상은 대상대로 노는 법은 없습니다. 그런 일은 있을 수 없습니다.

그래서 눈과 바깥 대상이 만났을 때는 완전한 하나의 자리, 물아일체物我一體 그 자리에 들어가야 합니다. 그 자리가 어떤 자리이냐, 보면 볼 뿐인 자리입니다. 백퍼센트 보면 볼 뿐, 들리면 들릴 뿐인 자리, 그 자리가 바로 주객主客을 초월한 중도의 자리입니다. 그러니까 만약 나의 눈으로 대상인 어떤 색깔을 본다면 색깔과 나 사이에서 바로 보여지는 그뿐입니다. 그 자리가 완전한 자리입니다.

우리가 화두話頭를 들 때도 화두만 들 뿐이어야 합니다. 몸도 잊고 화두 자체도 잊고 오로지 의정疑情만 남는 그러한 자리인 것이지요. 관세음보살님 염念을 하면 오직 관세음보살님을 볼 뿐이지 다른 어떤 것도 개입시켜서는 안 됩니다. 오로지 관세음보살님뿐이어야 합니다. 관세음보살님을 송誦하는 사람은 오로지 관세음보살님을 송할 뿐이고 관세음보살님을 염念하는 사람은 보는 순간, 볼 뿐입니다. 그 순간순간이 목적인 것입니다.

흔히 '저 사람, 왜 저래?'라고 생각하거나 말할 때가 있지요. 여기에서 '저 사람'은 객관입니다. 내가 따로 있으니까요. '저 사람, 왜 저래?'라고 말할 수 있는 것은 이미 내가 거기에 있기 때문에 그렇게 말을 합니다. 이미 그 현장에 있기 때문에 '저 사람'이 이상하다거나 마음에 들지 않다고 말을 하는 것입니다. 또 '아, 기분 좋아!' 라고 말할 때 기분이 좋다는 것은 상대에 따라서 기분이 좋은 '나'가 있기 때문입니다.

이렇게 주관, 객관이니 하는 말이 때로 허망하기도 합니다. 왜냐하면 주관이니 객관이니 하지만 그것은 서로 상대가 있을 때나 하는 말이기 때문이지요. 상대라는 자리가 무너진, 말 그대로 주관과 객관이 무너진 그 자리가 바로 절대의 자리입니다. 주객의 자리가 무너진 그 자리가 바로 열반涅槃의 자리요, 무고안온無苦安穩의 자리인 것이지요.

참선이나 사경, 절을 열심히 하여 어느 경지에 오르면 주객이 없어지는 자리에 들어갑니다. 그 자리에 들어가면 거지를 만나면 거지와 하나가 되고, 설령 대통령을 만난다 해도 어렵지 않게 됩니다. 그런 자리를 상대성을 떠난 완전의 자리, 진실한 마음자리, 일물의 자리, 중도의 자리라고 말하는 것입니다.

欲知兩段욕지양단　**元是一空**원시일공
양단을 알고자 할진데 원래 하나의 공이니라.

주관이니 객관이니 하는 두 가지 뜻을 알고자 한다면 원래 전체가 공하였음을 알아야 한다는 말입니다. 주관, 객관을 따라 간다면 모두가 생멸법이 되고 마는 것입니다. 이 모두를 버려야 대도에 들어가게 되는데 양단이 모두 병이고 허물이므로 이것을 바로 알면 전체가 다 공함을 알게 되리라는 말입니다.

양단이라 하는 것은 앞에서 말한 주객主客, 미추美醜, 선악善惡, 장단長短 등을 말합니다.

'상대를 알고자 할진데 원래가 공'이라는 말은 '나는 주主이고 저것은 객客이다'라고 나누면 안 된다는 말입니다. 원래가 다 하나의 공인데, 어쩌다 보니 주이고 어쩌다 보니 객이 된 것입니다. 어쩌다 보니 집주인이 되고, 어쩌다 보니 세든 사람인 것이지 그 사람은 영원히 집주인이고 이 사람은 영원히 세든 사람인 게 아닙니다.

본래 주관, 본래 객관 이런 것은 없습니다. 본래 다 동일한 자격을 가지고 있습니다. 그것을 억지로 말하자면 여기서는 공이라고 한 것입니다. 아버지도 인격을 갖춘 사람이고 자식도 인격을 갖춘 존재이나 인간이라는 점에서는 다 하나의 공입니다. 삼라만상이 우주의 한 존재이고, 존재의 가치 측면에서는 다 공통분모가 있는데 그것이 공입니다. 그래서 공이라고 하는 이 개념에는 '우리 낱낱들이 지니고 있는 그 개성이 서로 우월성을 떠나 있다',

또는 '아무것도 없는 자리가 아니라 개성의 우월성을 고집하지 말라'는 뜻이 들어 있습니다.

서울에 살던 말이 대구까지 갈 일이 있어 열심히 달렸습니다. 그 말 궁둥이에는 벼룩 한 마리가 살고 있었는데 그 벼룩은 자기 세상의 전부인 말 궁둥이를 열심히 돌아다녔습니다. 서울 말이 수백 리를 달려 대구까지 왔지만 벼룩은 달라진 것이 없습니다. 여전히 말 궁둥이가 세상의 전부인 줄 알고, 말 궁둥이에서 열심히 놀고 있는 것입니다.

우리는 살면서 이 세상을 넓게 볼 필요가 있습니다. 이 공의 세상은 크게크게 돌고 있는데 중생들의 영역은 아주 볼품이 없습니다. 말 궁둥이의 벼룩처럼 작은 것에 매달려 허겁지겁, 바둥바둥 살고 있어요.

그러나 본래 무대는 공의 무대입니다. 이 세상이 창조되기 전부터 공의 세계는 있었습니다. 무시무종無始無終이면서도 크나큰 이 세계는 바로 한 생명체의 세계요, 하나의 공一空의 세계입니다. 우리가 수행하는 만큼 마음이 넓어지는 것은 자기 마음속 공의 영역이 넓어지는 것입니다.

15

하나의 공은 양단과 같아서
삼라만상을 함께 다 포함하느니라.
세밀하고 거침을 보지 못하거니
어찌 치우침이 있겠는가.

一空同兩일공동양하여   齊含萬象제함만상이로다
不見精麤불견정추어니   寧有偏黨영유편당가

一空同兩일공동양　齊含萬象제함만상
하나의 공은 양단과 같아서 삼라만상을 함께 다 포함하느니라.

하나로 돌아간 공空은 어떻게 존재하느냐, 양단을 떠나서 존재하지는 않습니다. 중생심으로 보면 대비되는 것은 모두 다 양단兩段입니다. 그런데 중생심을 버리고 공의 세계로 돌아갔다고 해서 양단을 다 떠나 버리진 않습니다. 양단을 초월한 듯 보이지만 결국 용처는 양단에 또 있어요. 재미있지 않습니까?

공㚖은 많은 의미를 함축하고 있습니다. 그 중의 하나로 삼라만상의 모양을 하나도 놓치지 않는 것이 공입니다. 본래 오고 감이 없다 하지만 오고 감의 현상은 역시 있을 수밖에 없습니다. 현상으로 오고 감이 있는 것이지요. 여기서 오고 감이란 것은 '공의 꿈틀거리는 에너지'라고 보면 됩니다.

그리고 공㚖은 전체성입니다. 하나의 공은 양단과 같아서 삼라만상을 함께 다 포함한다는 이 말은 낱낱의 모양을 다 포함한다는 말입니다. 우리의 가정을 생각해 보세요. 가정이 화목하려면 어떤 모습이어야 하겠습니까? 아버지는 아버지대로 모양이 있을 것이고, 어머니는 어머니대로 모양이 있을 것이고 그리고 자식은 자식대로, 무정물은 무정물대로 모양을 이루는, 그런 것들을 모두 합쳐 가정이라고 하지 않습니까? 원만한 가정 안에서는 그 누구도 무시되지 않습니다. 가정 안에서 아버지가 무시된다면 아버지로서의 기능은 마비되고 말겠지요. 어머니도, 자식도 마찬가지입니다. 설사 키우는 개라고 해도 그렇습니다. 무시되지 않아야 가정이 온전히 잘 유지되는 것입니다.

감포 앞 넓은 바다에 가보면 그야말로 은빛 장관입니다. 그런데 그 은빛 장관, 아름다운 모습은 멀리서 보면 그냥 전체적인 하나로 보이지만, 가까이 가보면 낱낱의 파랑 파도의 집합체인 것을 알 수 있습니다. 가까이 다가가서 보면 말이지요. 그 낱낱의 파도가 없다면 넓은 바다의 은빛 장관은 볼 수 없는 것입니다. 바다가 낱낱의 파도를 다 껴안고 있기에 은빛으로 장관을 연출하는 것이지요. 결국 하나의 공이 바로 삼라만상이 되는 것이지요. 그래서 하나의 공은 양단과 같아서 삼라만상을 함께 다 포함한다고 말하는 것입니다.

옛날 중국 호남성의 예수자사 이고라는 사람이 있었는데, 약산유엄藥山惟儼이라는 큰스님의 명성을 듣고 찾아 갔습니다. 그런데 스님께서는 경만 들여다보시고 아는 체를 안 하시는 겁니다. 그저 하시던 일에만 열중하고 계시는 것이었습니다. 이고는 정승인 자신을 아는 체도 안 하자 큰스님을 향해 말했습니다.
"천 리의 소문만 못하구나!"
별 것도 아니라는 뜻이겠지요.
"상공!"
"네?"
"어찌하여 들리는 귀만 귀히 여기고, 그 눈은 천히 여기는고?"
이고는 가슴이 뜨끔하여 그제사 넙죽 절하며 말하였습니다.
"스님, 도대체 어떤 것이 도입니까?"
이때의 도는 한편 진리라고도 할 수 있습니다.

"운재청천수재병雲在靑天水在甁, 흘러가는 저 구름은 하늘에 있고 물은 이 물병에 있느니라."

낱낱의 현상이 이미 진리라는 것이지요. 전체, 하나의 공은 삼라만상에 있으므로 진리는 멀리서 찾을 것 없습니다.

不見精麤불견정추　寧有偏黨영유편당
세밀하고 거침을 보지 못하거니 어찌 치우침이 있겠는가.

좋고 깨끗하고 마음에 드는 것은 정精이라 하고, 작고 보잘 것 없고 마음에 들지 않는 것을 추麤라고 합니다. 그러나 우리의 마음이 정과 추를 나누어서 그렇지 사실 세밀하고 거친 정추가 본래 존재하는 것은 아닙니다. 그런데 사람이 분별심을 내어 세밀하고 거침에 치우치고 집착하는 것이지요.

예를 들어 감포도량에 선방을 짓는다고 하면 대들보도 필요하지만 대들보를 엮는 서까래도 역시 있어야 합니다. 세속적인 표현으로 억지로 말하자면 대들보는 정이 되고 서까래는 추가 되는 것인데 대들보에게만 '참 나무가 대단해, 훌륭해' 하고 관심을 가지면 서까래가 화를 내어서 집도 안 지어집니다.

한 나라에는 대통령도 있어야 하지만 그 밑에 참모도 있어야 하고 국민도 있어서 모든 구성원이 제 기능을 해 주어야 그 나라가 잘 되겠지요. 그림을 그리더라도 세밀한 선이 있어야 하는가 하면 거친 선도 있어야 합니다. 음악도 그렇지요. 강렬한 선율도 있어야 하고 세밀한 선율도 있어야 그 음악이 훌륭한 작품이 되는 거지요. 바로 다 그와 같은 이치입니다.

모든 게 그러할진대 거칠다 세밀하다 하면서 거침은 덜 훌륭하고 세밀함은 훌륭하고, 반대로 거친 것은 훌륭하고 세밀함은 별로라고 하는 편견을 가지면 안 된다는 말입니다.

한번, 우리 인생을 찬찬히 보세요. 현재 내게 어려움이 있다고 하더라도 싫건 좋건 결국은 내 인생입니다. 좋을 때만 자기 인생이고 나쁠 때는 자기 인생이 아니라고 하는 것은 억지입니다. 지금 짜증나서 신경질을 내고 있다면 신경질을 내고 있는 이 자체가 바로 자기 인생입니다. 남의 인생이 아닙니다. 그러니 어떤 것은 좋아하고 어떤 것은 버리고 할 문제가 아니겠지요. 버리고 싶다고 하더라도 다 자기 것으로 버릴 수가 없는 것이지요. 현재 당하고 있는 모든 문제는 자기가 안고 가야하는 겁니다. 업장이 녹기 전까지는 피해 갈 수가 없습니다. 당면한 모든 문제는 다 내 삶이다 생각하고 현재적 입장에서 잘 수용하여 열심히 정진하면서 자기 자신이 해결해 가야하는 것이죠.

'세밀하고 거침을 보지 못하거니 어찌 치우침이 있겠는가' 이 말을 수행하는 우리의 입장에서 한번 생각해 보아야 합니다. 수행하는 사람이 세밀하고 거칠다, 좋고 나쁘다는 등 자꾸 생각해서는 안 될 일입니다.

부처님 명호도 아주 깊은 자리에 들어가면 사실 다 똑같습니다. 진리이신 부처님으로 다 귀결되기 때문입니다. 우리 중생의 입장에서 관세음보살님을 부르고 들어가면 더 좋은 때가 있고, 또 지장보살님을 부르고 들어가서 더 좋은 때가 있는 것뿐이지 결국 법신의 자리는 다 한자리입니다. 열심히 하면 절대적 자리는 다 똑같습니다.

또, '관세음보살님은 참 좋은 부처님이야. 관세음보살님 기도를 열심히 해라' 하고 말하는 것은 관계가 없지만, '그 부처님을 부르면 아주 나빠' 하는 말을 해서는 안 됩니다. 화두도 마찬가집니다. 좋은 화두, 나쁜 화두가 따로 있는 것이 아닙니다. 화두를 딱 들었을 때, '정말 내 문제 같구나' 하고 내 마음 가운데 의정이 일어나는 화두면 되는 것이지, 근본적으로 이 화두는 거친 화두이고 이 화두는 세밀한 화두라는 판단은 할 수 없는 것입니다. 자기

일공동양   제함만상   불견정추   영유편당

에게 알맞은 화두는 들었을 때 의정을 얼마나 일으키는가가 화두의 생명입니다. 화두를 들 때, '왜 그럴까? 조주 스님께서는 왜 개에게는 불성이 없다고 하셨을까?' 또는 '정말 나는 무엇일까?' 이러한 간절한 의정이 있어야 생명력이 있습니다. 그때 그 간절한 화두의 생명력은 사람과 화두의 관계이지 화두 자체에 거칠고 세밀함이 있는 것은 아닌 것입니다.

내 마음의 세밀하고 거침이 어디에서 비롯된다? 모두 자신에서 비롯된다는 사실, 아시겠지요.

16

대도는 본체가 넓어서 쉬움도 없고 어려움도 없나니라.
좁은 견해로 여우 같은 의심을 내어
서두를수록 더욱 더디어지도다.

大道體寬대도체관하여　無易無難무이무난이어늘
小見狐疑소견호의하여　轉急轉遲전급전지로다

大道體寬대도체관　無易無難무이무난
대도는 본체가 넓어서 쉬움도 없고 어려움도 없나니라.

　　무상대도의 바탕이 넓기로는 진시방 무진허공을 억천만 개 합쳐 놓아도 그 속을 채우지 못하며 무변 허공이라 해도 자성에다 비교할 수 없습니다. 그래서 본체의 바탕이 넓다고 한 것은 무한무변을 의미한 것으로써 본래 원만 구족되어 있으니 쉽다, 어렵다 하는 중생의 변견을 버리라는 말입니다.
　　일체의 생각이 쉬워지면 허공에도 걸림 없이 아주 호호탕탕浩

浩湯湯합니다. 일체 생각이 쉬어져 분별심이 사라지면 허공에 걸림 없듯 뭐든지 힘들지 않습니다. 쉽다 할 것도, 어렵다 할 것도 없는 그러한 자리에 들어갑니다.

이것은 막힌 내 감각을 다 트는 일 즉, 내 자신을 완전히 열어 버리는 것입니다. 잠을 잘 때를 제외하고 보통 눈을 감고 있으면 어떻습니까? 답답하지요? 불안하고 망설임이 있습니다. 그렇지만 두 눈을 뜨고 보면 불안과 망설임은 사라지고 모든 것이 저절로 훤히 보입니다. 그야말로 저절로 보이는 것이지 쉽다 어렵다 할 것이 없어요. 그냥 눈에 보일 뿐, 쉽다 어렵다는 말 자체가 구차합니다.

귀가 막혀 들리지 않을 때는 사람의 입 모양만 보고 무슨 말을 하는지 알기가 힘듭니다. 답답하지요. 그러나 귀가 열려 버리면 쉽다 할 것도 없고 어렵다 할 것도 없습니다. 귀가 열려 있으면 저절로 들릴 뿐입니다. 거기에 대해선 이설異說이 있을 수 없습니다.

옛날에는 대부분 동네마다 조금 모자라는 사람이 있었습니다. 제가 자란 동네에도 삼십 넘은 총각 중에 그런 사람이 있었는데 어느 날 그 사람이 장가를 간다고 하는 것이었습니다. 지금이야 나이 삼십 넘어서 하는 결혼이 늦은 게 아니지만 옛날에는 나이 삼십이면 아주 늦은 나이였어요. 조금 모자랐던 그 노총각이 장가를 간다고 하니 동네 사람들이 '장가가서 애는 낳겠나?' 하였습니다. 그러나 웬걸, 장가간 지 얼마 안 되어서 애만 잘 낳는 것이었습니다. 이렇게 애 낳는 것이 어렵다 싶어도 어렵다 할 것이 없어요. 쉬움도 어려움도 없는 게 애 낳는 것이지요. 또 아이들은 몇 년 못 본 사이에 쑥쑥 자라있어요. 그것은 쉽다 어렵다 할 것이 없습니다. 그냥 크는 겁니다. 건강한 보통의 사람이 밥 먹는 일을 쉽다고 해야 하겠습니까, 어렵다 해야 하겠습니까? 쉽다 어렵다 할 것이 없지요?

진리는 그런 것입니다. 도가 별것이 아니라 순리대로 사는 것, 이것이 다 도입니다.

옛날 동사東寺라는 스님이 계셨는데 하루는 스님에게 최윤이라는 사람이 놀러 왔습니다. 두 사람이 밖에 앉아 있는데 참새가 돌아다니다가 불상 위에 똥을 누는 겁니다. 그럴 수 있지요? 우리 절 마당에도 비둘기가 관세음보살님 위에 앉아 똥을 누곤 합니다. 그것을 보고 '부처님은 참새도 못 쫓으시나? 왜 몸에 똥이 묻도록 그냥 놔두실까?' 이런 생각을 할 수도 있습니다. 최윤이라는 사람도 그랬던지 참새가 불상 위에 똥 누는 모습을 보고는 뼈 있는 말 한마디를 합니다.

"스님, 저 참새에게도 불성佛性이 있습니까?"

동사 스님이 답합니다.

"불성이 있지."

"불성이 있는 놈이 어떻게 불신佛身에다 똥을 눌 수 있습니까?"

그러자 대답하는 동사 스님의 답변이 아주 그럴듯해요.

"불성이 없다면 어떻게 부처님 몸에 똥을 묻힐 수 있겠나, 이 바보야."

부처님은 부처님끼리만 놀거든요!

小見狐疑소견호의 轉急轉遲전급전지
좁은 견해로 여우 같은 의심을 내어 서두를수록 더욱 더디어지도다.

대도는 원래 스스로 원만구족 되어 있으니, 쉽다 어렵다 급하다 더디다 하는 중생심을 낼수록 멀어지고 그 또한 취사심이니 버려야 한다는 말입니다.

정말 치료하기 힘든 오둔사五鈍使라고 하는 다섯 가지 번뇌가 있는데 그것은 탐貪·진嗔·치癡·만慢·의疑입니다. 이때 만慢은 교만驕慢, 의疑는 의심疑心을 말합니다. 의심은 왜 생기겠습니까?

중생은 자기 욕심에 기인한 견해, 자기 생각들이 있습니다. 자기 욕심을 애착이라고도 하는데, 자기 욕심에 기인한 견해가 상황이 달라지면 의심이 됩니다. 문제는 어디에 있습니까? 바로 자기 욕심에 있는 것입니다.

그러니 우리는 순간순간 첫출발해야 됩니다. 매 순간을 첫출발하는 것과 같이 해야 한다는 말입니다. 과거의 생각을 자꾸 끌어오면 끌어올수록 의심만 늘고 자기 본심을 지키는 데 그만큼 장애가 됩니다. 그래서 과거 견해의 모양에 집착하면 현재가 너무 힘들어지고 무디어져서 자성이니 부처니 하는 현재의 성스러움이 그만큼 훼손되고 없어집니다.

수행할 때도 마찬가지입니다. 이렇게 하면 잘 될까, 저렇게 해 보면 잘 될까 자꾸 조급한 마음을 냅니다. 조급한 마음을 내는 바람에 이렇게 해 보고, 저렇게 해 보다가 더 더디어집니다. 서두를수록 늦어진다고 했지요? 조급한 마음에 이 스님한테 가서도 물어보고, 또 저 스님한테 가서도 물어보다가 결국 더 더디기만 할 뿐입니다. 다라니가 좋을까 지장정근이 좋을까, 이것 했다가 저것 했다가 자꾸 바꿉니다. 그것은 믿음이 충분하지 못해 생기는 의심이 서두르는 것으로 나타나는 것입니다. 그래서 오히려 더 더디어지는 것이지요. 이 말은 반대로 하나를 초지일관 밀고 가면 된다는 말입니다.

화두를 잡는 것도 마찬가집니다. 빨리 되지 않는다고 자꾸 잔꾀를 부립니다. 이리하면 될까, 저리하면 빠를까 생각이 많지요. 하지만 자기 앞에 은산철벽銀山鐵壁, 완전히 은으로 산을 막고 철로 된 벽이 앞에 있어도 그곳을 뚫고 나아가겠다는 각오만 있으면 됩니다. 그런데 화두를 들었다가, 다른 사람이 드는 화두가 더 좋아 보여 다른 사람의 화두로 바꾸어 들어 보았다가 또 어느 화두가 좋다는 말을 들으면 다시 화두를 바꾸는 사람들이 있습니다. 그렇게 화두를 자꾸 바꾸는 것은 화두에 대한 믿음이 부족하여 서두르다 결국에는 완전히 들어가지 못할 뿐입니다. 깊이 못 들어가고 조금씩 들어갔다가는 나오고, 들어갔다가 나오는 것을 반복하니 더딜 수밖에 없습니다.

그러니 자기가 당면해 있는 수행과목에만 정진하면 됩니다. 언젠가는 바로 정진하는 그 자리에서 진리와 계합契合하게 됩니다. 정진은 하지 않으면서 의심만 내어 도이니 진리니 하는 것을 좇다 보면 오히려 도, 진리는 저만큼 도망가 버립니다. 너무 서둘지 말고 정신을 차리고 차근차근 하면 될 일입니다.

어느 섬마을에 사는 노처녀에게 맞선 자리가 하나 들어왔습니다. 드디어 맞선 보는 날, 노처녀는 아침부터 목욕하고, 곱게 화장하고, 잘 차려입은 다음 마지막으로 미용실을 찾았습니다. 앗, 그런데 배 떠날 시간이 다 되어가는 게 아니겠습니까. 이러다 배 떠나는 시간에 늦겠다 싶어서 얼른 마무리를 하고 선착장으로 달려갔지요. 배를 놓치면 평생 후회하며 살 것 같아 젖 먹던 힘까지 내서 눈썹이 휘날리도록 뛰어갔는데 배는 벌써 부두에서 2미터 정도 떨어져 있는 게 아니었겠습니까!

'놓치면 안 돼! 무슨 수를 쓰든 꼭 타야 하는데….'

그래서 그녀는 구두를 벗어 양손에 쥐고 배를 향해 돌진했습니다. 점프하여 그 배에 올라타기 위해서 말이지요. 그러나 죽을 힘을 다해서 배를 향해 팔을 뻗어 봤지만 이미 그녀의 몸은 바다로 빠져 들고 말았습니다.

배에서 이 광경을 지켜보던 사람들이 측은해 하며 하는 말!

"아, 뭐시 그리 급한겨. 10초만 기다리면 부두에 도착하는디…."

들어오는 배인데 떠나는 배로 착각을 한 것이지요. 웃긴 얘기지만 사실 우리는 이렇게 살 때가 상당히 많습니다. 배가 문제이겠습니까? 그 배가 잘못된 게 아닙니다. 성질 급한 노처녀한테 문제가 있었던 것이지. 어떤 문제가 생기면 곰곰이 생각해 보십시오. 과연 문제가 어디에 있는지 말입니다.

좁은 견해로 여우 같은 의심을 내어 서두를수록 더욱 더디어지도다, 인생살이도 그렇고 수행에 있어서도 그렇고, 또 모든 사물을 관찰하는 데 있어서도 우리는 의심을 없애고 늘 차근차근히 나아가야 됩니다. 서두를수록 더욱더 더디어 진다는 것을 기억하시기 바랍니다.

統而不拘
다스리되 구속하지 않는다

疏可走馬

17

집착하면 법도를 잃음이라
반드시 삿된 길로 들어가리라.
놓아 버리면 자연히 본래로 되어
본체는 가거나 머무름이 없도다.

執之失度집지실도라　必入邪路필입사로요
放之自然방지자연이니　體無去住체무거주니라

執之失度집지실도　必入邪路필입사로
집착하면 법도를 잃음이라 반드시 삿된 길로 들어가리라.

대도나 중도나 성취하려는 집착이 있으면 병이 되어 오히려 법도를 잃고 근본 대도와는 어긋나서 반드시 삿된 길, 변견에 떨어지게 된다는 뜻입니다.

시험 치는 날 아침에 한 시간이나 지각한 학생이 있었습니다. 선생님이 기가 차서 어떻게 시험 치는 날 아침에 한 시간씩이나 지각하느냐고 나무랐습니다. 그러자 학생이 대답하였습니다.

"선생님, 학교 오는 길에 승강장에서 어떤 할머니가 오백 원짜리 동전을 떨어뜨렸어요."

이 말을 듣고 선생님이 물었습니다.

"그래? 동전을 주워 드리려다가 늦었니?"

그러자 학생의 말이 걸작이었습니다.

"그게 아니고요, 지금까지 오백 원짜리 밟고 있느라고요."

가히 대단한 집착이지요?

집착이 상相을 이루고, 상이 육도六道를 이룬다.
이 집착만 없으면, 훨훨 자유로우리라.

스님이 되는 것을 흔히 출가한다고 하는데 출가라는 것도 이 집착에서 벗어나는 것을 기본으로 합니다. 돈이 됐든, 명예가 됐든, 권력이나 이성이 됐든, 심지어 그것이 깨달음, 도가 되었든, 어쨌든 간에 그러한 굴레로부터 벗어나는 것이 출가입니다.

집착이라는 것은 내가 주인임에도 불구하고, 오히려 내가 객이 되어 상대에게 질질 끌려가는 걸 말합니다. 그래서 집착하면 주인공인 내가 상대방의 힘에 끌려가 중심이 없어지고 정신은 오락가락하여 추해지지요. 그 대상이 돈이든 권력이든 명예이든 마찬가지입니다. 세상에 놓인 모든 것을 내가 굴려가야 하는데 오히려 굴림을 당하는 입장이 되는 겁니다.

실제로 있었던 일입니다.
남편을 일찍 여의고 혼자 고생고생해서 아들을 키운 어머니가 있었습니다. 때가 되어 아들을 결혼을 시키고 괌으로 신혼여행을 보내게 되었습니다. 그런데 그 어머니가 자신도 괌에 가 보지 못했다면서 아들 신혼여행에 따라갔다는 겁니다. 그것도 놀랄 일인데 호텔에서 자기 방을 놔두고 신혼인 아들의 호텔방으로 가서는 한사코 같이 자야 되겠다고 아들 내외 둘 사이에 쏙 들어가 누웠다는 겁니다. 그렇게 누워서는 '내가 왜 이렇게 잠이 안 오지?' 했다는 것입니다.

이 정도가 되면 자식한테 집착하는 것도 너무 많이 하는 것이지요. 그런데 정도의 차이는 있어도 그런 사람이 의외로 많습니다. 바로 자신도 어쩔 수 없는 업력에 끄달리는 것입니다.
그러면 집착하지 않고 살려면 어떻게 해야 하겠습니까? 결국 수행밖에 없습니다. 자기 내부의 힘을 키우는 수밖에 없어요. 자기 자신의 힘을 키우는 것, 일명 내공을 닦는다고 하지요. 불교적으로는 주체적인 힘, 자기 주인공을 십분 발휘하게 하는 일이 수행인 것이지요.

집착하지 않으려면 자기가 부릴 수 있는 힘, 자기 동력이 굳건해야 됩니다. 물론 전생부터 수행이 되어서 돈이나 권력 등에 집착하지 않는 사람도 있습니다. 그러나 대부분 그렇지 않으므로 주인인 내가 마음껏 주인 노릇을 하기 위해서는 지금 이 상태에서 좀 더 나은 자기 주인을 찾으려는 노력이 있어야 합니다. 그렇게 찾으려는 노력이 수행인 것이지요. 그래서 열심히 참선하고 기도하다 보면 힘이 갖추어집니다. 객관에 있는 물질계를 끌어서 쓸 수 있는 능력도 생기거니와 자기가 마음만 먹으면 그로부터 자유로워집니다.

그러니 참선과 기도가 중요한 것이지요. 자기가 자기를 마음대로 할 수 있으니 말입니다. 우리는 그것을 자유라 말합니다. 큰 사람은 크게 자유를 느끼면서 살고, 작은 사람은 작게 자유를 느끼면서 사는 것입니다. 그래도 이왕이면 큰 사람이 되어 크게 자유를 느끼면서 살면 좋겠지요. 그래서 우리는 되도록 참선과 기도를 많이 해야 하는 것입니다.

어쨌든 우리는 자유인이 되어야 합니다. 마지못해 끄달려 다니는 종노릇을 할 것이 아니라, 내가 주인이 되어서 주인이 누리는 자유를 구가해야 하는 것이지요. 자유인은 억지로 상황들을 끌어들이지 않습니다. 그 상황들을 따라가지 않고 굴려갑니다. 그러다 보면 인연들이 다가오고 그러한 인연들을 순순히 거두어가는, 그래서 그 인연들을 좀 더 성숙시켜 가지요. 그래서 자유인은 집착하지 않을뿐더러 온 우주를 통째로 껴안는 그러한 인격자입니다.

여기에서 얘기되고 있는 것이 바로 그런 겁니다. 집착하면 법도를 잃을 것이라고 하였는데 집착하면 중심을 잃는다는 말입니다. 법도라는 것은 중심, 자기 자신, 주인공입니다. 집착하면 중심을 잃어버리고 삿된 길로 들어가 버립니다.

전자에 말씀드렸듯이 깨달아야 되겠다는 이 생각 자체가 '깨달음의 병'에 걸린 겁니다. 깨달음 그 자체도 하나의 집착이지요. 그러므로 수행자나 기도자는 깨달음이라는 결과물에 집착할 것이 아니라 정신을 똑똑히 차려서 화두를 챙기든지, 관세음보살을 똑바로 관하든지 그것만 할 일입니다.

기도하는 사람들이 기도의 결과에 대해 잔뜩 기대하고, 기도의 결과에 탐닉하다 보면 오히려 엉뚱한 길로 가게 됩니다. 기도할 때는 기도만 할 뿐, 모든 것을 진리의 순환에 맡겨야 합니다. 그런데 오지 않는 결과부터 먼저 생각하면서 자꾸 조급해지고 점점 다급해지지요. 자기가 뿌린 씨앗은 변변치 않았음에도 충실한 열매를 바라는 욕심은 있기 때문입니다. 그러고는 어떻게 합니까? 점집을 찾고 무당을 찾고 하다가 정법과는 점점 거리가 멀어지게 되는 것이지요. 자기 그릇은 생각 하지 않고 그런 곳에 다녀봐야 아무 소용없는 일입니다. 그래서 집착하면 삿된 길에 들어가기 쉽다는 말을 잘 새겨야 합니다.

물론 우리에게 목표나 계기는 있어야 합니다. 그렇지만 일단 수행이 시작되고 공부가 시작되면 오직 현재적으로 내가 수행하고 공부할 뿐이지, 더 이상을 생각하면 그것은 욕심이 됩니다.

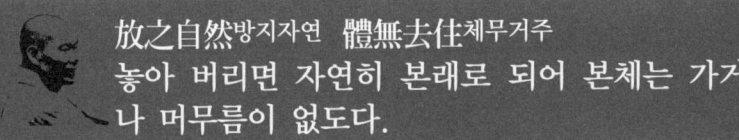

放之自然방지자연 體無去住체무거주
놓아 버리면 자연히 본래로 되어 본체는 가거나 머무름이 없도다.

놓아 버리라고 하였습니다. 집착을 놓아 버리라는 말로, 한문으로는 방하착放下着입니다. 놓을 방放, 아래 하下, 붙을 착着이지요.

조주 큰스님을 뵙고자 어느 스님이 찾아 왔어요. 그런데 큰스님을 뵈려고 왔음에도 빈손으로 온 것이 좀 미안하였던지 조주 큰스님께 다음과 같이 말하였습니다.

"스님, 제가 급하게 오느라고 아무것도 들고 오지 못했습니다."
그러자 조주 큰스님께서 말씀하셨습니다.
"내려놓게."
아무것도 들고 오지 않았는데 내려놓으라 하시니 이 젊은 스님이 의아해하며 여쭈었습니다.
"스님, 제가 아무것도 들고 오지 못했다니까요."
"그래? 그럼 계속 들고 있게."

가져오지 못한 것에 집착하지 말고 그 마음의 짐을 내려놓으라는 뜻이지요.

놓아 버리라는 말은 대단히 의미가 깊습니다. 놓아 버리면 자연히 본래로 돌아갑니다. 본체, 본바탕은 가거나 머무름이 없다고 하였는데, 여기에서 본체는 자기 불성을 말합니다. 자기 불성의 의미뿐 아니라 우주법계에 변만해 있는 법신불을 말하기도 하는 등 본체에는 여러 가지 뜻이 있습니다.

놓아 버리면 자연히 본래로 되어 본체는 가거나 머무름이 없다, 이 말은 쉽게 얘기해서 그냥 가만 놓아두라는 말입니다. 가만 놓아두면 될 일입니다.

본체인 부처는 가거나 머무름이 있는 것이 아닙니다. 모두 마음 가운데 하나의 부처님을 모시고 있는데 이 부처님이 가거나 머무르거나 하는 개념으로 존재하는 것이 아닙니다. 굳이 말한다면 늘 나와 함께 있을 뿐이요, 본래 갖추고 있을 뿐입니다.

見月坐海渼 견월좌해미
偕來從山裏 해래종산리
法身恒如是 법신항여시
敢不獲不棄 감불획불기
本來皆那模 본래개나모
復感與人氣 부감여인기

바다 물결무늬에서 보던 달이
깊디깊은 산속까지 따라왔네.
법신부처 언제나 이와 같거늘
찾지도 말고 버리지도 말게.
본래로 갖추어져 함께 함이
사람 기운과 더불어 새삼 느끼네.

『명상일기(상)』, 본래 다 갖춤, 無一 우학

바닷물에 비친 달을 보고 산에 올랐는데 산까지 달이 따라와요. 그것은 언제나 함께 한다는 뜻입니다. 달은 우리 마음 가운데의 부처님에 비유될 때가 많습니다. 본바탕은 늘 거기에 있을 뿐입니다. 본체라고 했지요. 물결이 일렁대지마는 물결일 뿐입니다. 저수지의 물결이 일렁이며 다가오는 듯하지만, 물이 오는 것이 아닙니다. 그냥 파동이 생겨 잠시 움직임이 있을 뿐이지 그 가운데 있는 물이 밀려서 오는 게 아닙니다. 물은 물일 뿐이듯 본체는 본체일 뿐입니다. 그렇다고 해서 가만히 있는 것도 아니고, 가는 것도 머무는 것도 아닙니다.

우리의 참마음이라고 하는 것도 그와 같습니다. 우리가 어떤 사물을 본다면 다만 보는 일만 있을 뿐입니다. 다만 볼 뿐입니다. 보는 일에는 움직임이라고 하는 것도 없고 머무름이라고 하는 것도 따로 없는 겁니다.

18

자성에 맡기면 도에 합하여
소요하여 번뇌가 끊어지리라.
생각에 얽매이면 참됨에 어긋나서
혼침함도 좋지 않느니라.

任性合道임성합도하여　**逍遙絶惱**소요절뇌하고
繫念乖眞계념괴진하면　**昏沈不好**혼침불호니라

任性合道임성합도　**逍遙絶惱**소요절뇌
자성에 맡기면 도에 합하여 소요하여 번뇌가 끊어지리라.

　모든 집착을 놓아버리면 자기의 자성을 따라서 그대로 도에 합해지며, 한가롭고 자재하여 일체 번뇌 망상이 다 멀어진다는 말입니다.
　소요逍遙는 한가롭고 자재하다는 말입니다. 자성에 맡기면 도에 합하여 소요하여 번뇌가 끊어진다고 하니 그만큼 자성자리는 대단히 중요하지요. 맡기는 것을 귀의歸依라고 합니다. 귀의를 한자 그대로 풀이하면 '돌아가 의지하다' 입니다. 자성의 자리, 본래의 자리로 돌아가 버리면 되는 것이지요.

『법화경』에는 비유로 여러 이야기가 나오는데 그 중에서 장자長者 궁자窮子의 비유가 있습니다. 『법화경』 신해품信解品에 나오는 장자 궁자의 얘기는 이렇습니다.

어떤 사람이 어릴 때 아버지를 떠나 도망을 가 버렸어요. 그런데 돌아다녀 보니 별 것 없거든요. 그렇게 몇 십 년을 떠돌아다니다가 거지 중에 상거지가 되어 아버지를 찾아갑니다. 먹고 살기 힘들어 무조건 아버지에게 돌아가겠다는 마음밖에는 없었을 것입니다. 돌아온 것은 그냥 아버지께 맡기겠다는 말입니다. 돌아온 순간 아버지께 맡겨지는 거지요. 본래 그 사람은 아버지의 아들로 아버지와 같이 살았었지요. 그러니 본래의 자리로 돌아온 겁니다. 아들은 돌아오기만 하였을 뿐인데 아버지가 가지고 있던 모든 재산이 다 자기의 것이 됩니다.

이와 같이 돌아와 맡겨지는 그 순간 즉, 본체인 자성에 맡기는 순간에 도 또는 진리인 모든 근원에 합해지는 것입니다.

우리가 '부처를 찾는다, 부처를 찾는다' 말하지만 그렇게 해서는 부처를 찾을 수 없습니다. 찾아지지 않습니다. 왜냐하면 대상으로서의 부처는 존재하지 않기 때문입니다.

부처님께서 중생한테 가타부타 무슨 말을 하십니까? 그런데 간혹 이유 없이 "난 부처가 싫어"라고 하는 사람이 있습니다. 그런 사람에게는 그럼 부처가 없느냐 하면 그런 사람에게도 부처는 있습니다. 부처라고 하는 자리는 찾는다고 찾아지는 대상도 아니고, 밀어낸다고 해서 밀려 나갈 존재도 아닙니다. 늘 그와 같이 있을 뿐입니다.

장자의 아들이 거지처럼 돌아다니다가 자기 아버지에게 맡겨지는 것처럼, 그냥 돌아와 버린 것처럼 '나' 라는 현재의 이 존재를 바로 부처님께 맡겨 버리면 되는 겁니다. 관세음보살 염불기도를 한다면 '관세음보살님, 무엇 무엇을 주십시오' 하면서 찾을 필요가 없습니다. '부처님께서 다 알아서 하십시오' 하고 자기의 모든 것을 다 맡기기만 하면 됩니다. 오체투지 절을 할 때도 내 모든 것을 다 던져서 부처님께 공손하게 육신 자체를 공양하면 되는 것입니다. 참선하는 선객이면 오로지 화두에 자기 자신을 던져버리면 되고, 관세음보살 기도를 하는 이면 일체 자기 의지와 생각을 버리고 관세음보살님께 자기 자신을 던져버리면 되는 것입니다. 그러한 것을 우리는 귀의라 하고 기도라 하는 것입니다. 이처럼 자기의 본래 부처님, 그리고 우주에 변만해 있는 법신불에 맡겨 버리면 되는 겁니다.

반면 부처님을 찾는다는 말은 부처님을 아직 찾지 못한 것입니다. 그래서 찾는다는 것은 관념일 뿐이지 정말 찾아지는 것은 아닙니다. 찾는다, 찾는다 하지 말고 다만 자기 자신을 맡겨버리면 됩니다.

여기에서는 자성에 맡긴다 하였습니다. 이 말은 우리가 어떤 것을 본다면 볼 뿐입니다. 보는 마음만 있는 것입니다. 듣는다면 들을 뿐, 듣는 마음만 있어요. 바로 이것이 자성입니다. 볼 뿐, 들을 뿐, 보는 마음 듣는 마음 그 자체가 자성자리에 있고, 늘 그 순간에 있어요. 우리가 무슨 일을 하든지 수단화 하지 말고 그 자체를 목적화 하여야 합니다. 만약 밥을 짓는다면 밥을 짓는 것 그 자체가 재미가 있고 목적이 되어야 합니다. 목적과 수단이 따로 있다고 하면 그 일에 오래도록 전념할 수가 없는 겁니다.

어느 날 고흐의 화실에 손님이 찾아 왔습니다. 마침 그림을 그리고 있는 고흐에게 물었습니다.

"당신의 작품 중에서 가장 공을 들이고 가장 완성도가 높다고 생각되는 작품은 어느 것입니까?"

고흐가 손가락으로 가리키며 대답하였습니다.

"지금 내가 그리고 있는 이 작품이오."

며칠 뒤 그 사람이 다시 와서 그림을 그리고 있는 고흐에게 물었습니다.

"내가 당신께 다시 묻습니다. 당신이 그린 작품 중에서 제일 훌륭한 작품은 어느 것입니까?"

그러자 고흐는 이번에도 그리고 있던 작품을 가리키면서 말하였습니다.

"지난번에도 말했듯이 바로 이 그림이오!"

그런데 그가 그리던 그림은 며칠 전 그 그림이 아니었습니다. 이미 다른 그림으로 바뀌어 있었지요.

바로 그것을 여기에서는 수단을 넘어서서 매 순간을 목적으로 삼는다고 말하는 것입니다. 고흐에게는 지금 자기가 그리고 있는 그 그림이 제일 훌륭합니다. 자성에 맡기고 오로지 한 순간 한 순간에 최선을 다해가는 모습이지요. 우리는 과연 순간순간을 충실히 그렇게 살고 있는지를 생각해 볼 만하지요.

불자인 우리에게 있어 맡긴다는 것은 어떤 것이겠습니까? 공부할 때 열심히 불교대학에 나와서 공부하는 것, 그리고 재일에 기도하거나 시간을 내어 절에 나와서 기도하는 것, 봉사하는 것, 내 성심성의껏 포교하는 것 등 그 모두가 다 내 몸을 맡기는 것이고, 그것은 곧 번뇌를 없애는 방법이요 행복해지는 방법입니다. 이것이 걸음을 걸을 때는 걸음을 걸을 뿐, 밥을 먹을 때는 밥을 먹을 뿐, 공양을 지을 때는 공양을 지을 뿐, 뒷일은 뒤의 결과에 맡기고 순간순간 최선을 다 하는 것, 그게 바로 자성에 맡기는 것입니다. 그래서 자성에 맡기고 나면 소요절뇌逍遙絕惱, 마음이 한가롭고 자재하여 번뇌가 끊어지는 것입니다.

繫念乖眞계념괴진 昏沈不好혼침불호
생각에 얽매이면 참됨에 어긋나서 혼침함도 좋지 않느니라.

일반적인 번뇌 망상은 그만 두고, 대도, 중도, 부처라는 등 이러한 생각에 조금이라도 얽매이면 바로 진리와 어긋나므로 부처다 참되다는 생각마저 놓아버려야 한다는 말입니다.

생각이라는 것은 외부로부터 입력된 것으로 그것은 고정관념 같은 것입니다. 이 고정관념에 얽매이면 본모습과는 거리가 멀어집니다. 그 대상이 부처님이라 할지라도 자신이 고정관념에 사로잡혀 있으면 부처님을 볼 수 없습니다. 한 공간에 수백, 수천 명이 있어도 그 수천 명 각자 대상으로서의 부처님의 모습은 사람마다 달라서 부처님의 모습 또한 수백, 수천입니다. 한 사람, 한 사람이 생각하는 부처가 사람마다 다 다르다는 말이지요. 그리고 그 고정관념의 부처에 사로잡히면 진짜 부처님의 모습을 보지 못합니다.

그것은 인간관계에서도 마찬가지입니다. 자기가 생각하고 있는 그 사람의 이미지가 있지요? 사실이라고 믿는 그 사람의 모습은 대부분 자기 생각 속의 그 사람일 뿐입니다. 진짜 그 사람인 것은 아니라는 말이지요. 이것이 바로 생각에 얽매이면 참됨에 어긋나는 것입니다. 그래서 중생이 보고 들은 것은 마음의 병이 될 때가 많습니다. 그런데 대부분 사람들이 다 옳다고 생각하고 표준화되어 있는 것 때문에 진짜 모습을 잃을 때가 많습니다. 오랫동안 이어져 온 관습이라 할지라도 거기에 매이면 안 되는 것이지요.

예를 들어 일등하면 엄지손가락을 세우며 모두 잘했다고 칭찬하지요? 세계 대부분의 나라에서 이렇게 합니다. 그렇지만 이렇게 안 하는 곳도 있습니다. 호주에서는 엄지손가락을 세우는 것이 그 사람을 인정하거나 자랑스러울 때 하는 동작이 아니라 '당신과는 상대하기 싫다'는 명백한 거절을 나타냅니다. 그리고 중동 지방이나 나이지리아 같은 곳에서는 이것이 음란한 신호가 됩니다. '당신과 한 번 놀고 싶은데, 놀래?' 이런 뜻이라고 합니다.

또 다른 예로 승리했을 때 손가락으로 V자 모양을 하잖아요. 이것은 영국의 윈스턴 처칠이 처음 하였다고 하는데 해전에서 이기고 이런 동작을 하였나 봅니다. 아니면 종군기자로 활동하던 때에 세계적으로 퍼졌는지도 모르겠습니다만, 이것 역시 세계적으로 공통된 의미를 갖는 것이 아니라는 것입니다. 그리스에 가서는 손가락의 방향을 아래로 해야 승리의 사인이 되고 위로 세우면 욕이라고 합니다. 반대로 영국에서는 아래로 내려서 V사인을 하면 욕이 된다고 해요. 이처럼 관습이란 어디에서나 다 통용되는 것은 아니라는 겁니다. 그러니 관습이란 게 무엇이겠습니까? 절대적으로 옳은 것? 아무것도 아닙니다.

한번은 울릉도에서 나리분지를 지나 성인봉까지 간 적이 있었습니다. 그때 비가 줄기차게 오고 있었는데 일정 때문에 다음날로 연기하지 못하고 스님 몇 명과 함께 꼭대기까지 올라갔었어요. 그때 비 때문에 비옷을 입고 있어서 승복도 가려지고, 깎은 머리도 감춰져 겉모습만 보아서는 우리 일행이 스님인 것을 알지 못할 정도였습니다. 그렇게 꼭대기까지 올랐다 내려오는 길에 토산품을 파는 가게 앞에서 팔뚝만한 더덕을 내놓고 파는 총각 거사를 만나게 되었습니다. 더덕이 얼마나 컸던지 신기해서 구경하다가 한 스님이 물었습니다.
"이 더덕이 몸에 좋습니까?"
그러자 눈을 질끈 감아가며 그 총각이 대답하였습니다.
"아~ 이거 죽여줍니다."
그러자 옆에 있던 또 한 스님이 웃으며 물었습니다.
"어디에 죽여주지요?"

그러자 손가락을 치켜세우며 총각 하는 말이,

"남자한테 죽여줍니다!"

그 후로 어린아이들이 손가락을 치켜세우는 걸 보면, '아, 저것도 죽여주는구나' 그런 생각이 자꾸 일어납니다. 이렇게 한번 굳어진 고정관념은 아주 무서운 겁니다.

예전에 TV 드라마에서 어떤 남자가 여자 핸드백에서 지갑을 훔치는 장면을 본 적이 있었습니다. 그런데 한참이 지나도 그 배우만 보면 '저 도둑놈' 그런 생각이 들어요. 드라마 속 설정으로 진짜가 아니라 거짓말이라는 것을 아는데도 불구하고 말이지요. 모두 쓸데없는 고정관념이죠.

우리가 부처, 부처 하지만 부처를 보는 것도 다 다릅니다. 무당집에서 만나는 부처가 다르고, 정법도량에서 만나는 부처가 다르고, 정법도량 아닌 곳에서 만나는 부처님의 개념이 달라집니다. 그런데 중요한 것은 자기가 가지고 있는 고정관념의 그 부처를 버렸을 때 진짜 부처님을 볼 수 있다는 것입니다.

임제 스님에게 왕상시王常侍라는 사람이 찾아와 물었습니다.

"스님, 이곳에 계시는 스님들은 경전을 봅니까?"

"경전을 보지 않는다."

"그럼 참선을 합니까?"

"참선도 하지 않는다."

"경전도 보지 않고, 참선도 하지 않는다면 무엇을 합니까?"

"모든 사람들을 부처가 되게 하고 조사가 되게 한다."

"금가루가 비록 귀하지만 눈에 들어가면 눈병이 되는데 이것은 어떠합니까?"

왕상시의 말을 들은 임제 스님은,

"그대를 속물이라고만 생각했는데…."

아무리 금가루라도 눈에 들어가면 눈병이 난다는 말은 부처라고 해도 부처라는 데 집착하면 그것도 병이 된다는 말입니다.

우리가 사람을 사귀는 것 또한 그렇습니다. 고정관념 때문에 그 사람의 진짜 모습을 보지 못할 때가 많습니다. '누가 말하길, 저 사람은 뭐가 어떻다 하더라' 하는 선입견을 가지고 그 사람을 판단하면 잘못된 판단으로 진짜 그 사람의 모습을 보지 못하는 것이지요. 그것은 자신도 힘들게 하고 상대도 힘들게 합니다. 좋은 경우라 할지라도 그런데 나쁜 경우는 더 말할 것도 없지요. 그리고 비리하게 남의 얘기를 많이 하는 사람들과 어울리다 보면 때가 묻기 마련입니다. 또한 인간관계라 하는 것은 상대에 따라서 그 관계가 이루어지는 상대성이 있어서 저 사람 둘이는 뜻이 안 맞을

지라도 나와는 뜻이 잘 맞을 수도 있습니다. 내가 보기에는 그 남자가 별 볼일 없어 보여서 친구에게 대신 소개를 시켜줘요. 그렇게 내가 싫어서 내친 남자지만 친구는 너무 마음에 들어 하며 결국 결혼까지 하고 사이좋게 너무 잘 살아요. 그것이 인간관계의 상대성입니다. 그래서 자기의 섭섭한 것을 제 삼자에게 말하면 얘기를 들은 그 사람은 설령 자기와 대화 한 번 하지 않은 그 사람을 미워한다거나 나쁜 사람으로 잘못 생각하게 되어 버리는 것입니다. 이렇게 정확하지도 그렇다고 옳다고도 할 수 없는 잘못된 정보가 고정관념이나 선입견이 되는 경우가 사실은 너무나 많습니다. 아주 깊이 생각해야 할 문제지요.

아주 극단적인 이야기로 '그 스님, 담배 핀대!' 이런 말을 들으면, 평소 '아, 그 스님 기도도 잘하시고 너무 멋있는 것 같아!' 이렇게 생각하였다가도 나중에는 그 스님의 이미지가 바뀌어 버립니다. 직접 확인한 것도 아니고 몇 다리나 건너서 들은 그 이야기 때문에 자기 정신이 혼미해져 괜히 그 스님 꼴도 보기 싫어지는 겁니다.

앞서 부처를 찾겠다는 좋은 생각에도 얽매이면 참됨에 어긋난다 하였는데 이와 같은 확인할 수도 없는 소문은 오죽하겠습니까! 그러므로 어떤 경우라 할지라도 매이면 안 됩니다.

또한 생각에 얽매여도 안 되고 혼침해도 안 된다고 하였습니다. 혼침은 의식이 흐려지는 것을 말합니다. 멍청함이지요. 얽매이면 안 된다고 해서 그럼 그냥 멍청하게 있으라는 것이냐, 그것도 안 된다는 말입니다. 잠이 올 때 오락가락하면서 의식이 흐려지지요. 바로 꾸벅꾸벅 졸고 있으면 안 된다는 말입니다. 아무 생각 없이 꾸벅꾸벅 졸고 있는 경우를 우리는 무기無記에 떨어졌다고 합니다.

그러면 어떻게 하면 되겠습니까?

不易破固定觀念 불역파고정관념
寧不見不聽勝算 영불견불청승산
工夫人不親惡人 공부인불친악인
他人安尤自身安 타인안우자신안
이미 생긴 고정관념 억지로 부수기 참 힘들지
차라리 보지 않고 듣지 않는 것이 더 상책
공부인들아, 쓸데없는 이들과 어울리지 마라
그리해야 남도 남이지만 스스로가 편안해지리.
『명상일기(상)』, 보지 말고 듣지 말라, 無一 우학

불견불청, 보지도 말고 듣지도 말고 오로지 기도와 공부에 매진할 뿐입니다.

19

좋지 않으면 신기를 괴롭히거늘
어찌 성기고 친함을 쓸 건가.
일승으로 나아가고자 하거든 육진을 미워하지 말라.

不好勞神불호로신하면 何用疎親하용소친가
欲趣一乘욕취일승인댄 勿惡六塵물오육진하라

不好勞神불호로신 何用疎親하용소친
좋지 않으면 신기를 괴롭히거늘 어찌 성기고
친함을 쓸 건가.

　　　　성김이란 악을 멀리한다는 뜻이고, 친함이란 악을 가까이 한다는 뜻으로서 악을 버리지도 취하지도 않을 때 무상대도를 성취할 수 있다는 말입니다. 좋지 않다는 말은 마음에 안 들고 신기가 불편하다는 뜻입니다. 악을 멀리하려는 것도 불편하고 악을 가까이 하려는 그것도 불편하더라는 뜻이 포함되어 있습니다.
　　우리가 어떤 일이나 사람을 두고 마음에 안 든다 안 든다 하는

데 사실 그것은 자기 기분입니다. 신기가 불편한 것은 자기 기분입니다.

감포도량에 선방을 짓기 전에 뱀이 무척 많았습니다. 그때 감포도량에 살던 사람이 뱀이 마음에 안 든다, 안 든다 하며 심기를 불편해 했어요. 그래서 멀리 쫓아내려고 해도 뜻대로 되지 않았습니다. 뱀을 쫓아내려고 해도 쫓아내지는 게 아니지요. 그렇다고 해서 여기서 말한 것처럼 친함을 쓸 것입니까? 이 말은 친해도 불편하다는 말인데, 뱀과 친할 수도 없는 노릇이지요. 뱀을 쫓아내는 것도 불편하고 친해지는 것도 불편한데, 그렇다면 어떻게 해야 할까요? 그냥 내버려 두면 되는 겁니다. 뱀도 생각이 있으니 자기가 알아서 합니다. 여기서 하는 말이 내버려 두라, 이 말입니다.

옛날 수월水月이란 큰스님이 여름낮에 큰 나무 밑에서 오수午睡를 즐기고 계셨는데 지나가던 스님이 고함을 질러대요.
"아이구, 스님! 큰일 났습니다."
고함 소리에 눈을 떠보니 지나가던 스님이 자신을 보며 말하는 겁니다.
"지금 스님 배 위에 독사가 올라가 똬리를 틀고 있습니다!"
그러자 수월 스님께서 대수롭지 않다는 듯 말씀하세요.
"뭘 그리 방정을 떠느냐. 그냥 놀다가 가면 그만이지."

그리고는 뱀을 쓰다듬으면서 이렇게 말씀하셨다고 합니다.
"사람들이 왜 너를 두고 그렇게 싫어하는지 모르겠다."

옛날에 시골에서 콩밭을 매다보면 밭고랑에 뱀이 더러 나오곤 하였습니다. 시골에 뱀이 없는 곳이 어디 있겠어요. 그때 진짜 밭일 잘 하는 사람은 뱀은 아랑곳하지 않고 밭만 매지요. 그럼 뱀도 앉아 있다가 자기 갈 곳으로 갑니다. 그런데 뱀, 뱀 하며 쫓아 보내느라 허둥대다 보면 밭도 못 맵니다. 그저 열심히 밭 매는 일에만 전념하다 보면 그날 해야 할 일을 제 시간에 끝내고, 나중에는 수확도 실하게 할 수 있지요.

뱀을 비유 들어 말하였지만 우리 마음 가운데의 악한 마음, 번뇌 등 그런 것이 다 그렇습니다. 번뇌와 친할 생각도 말고, 번뇌를 쫓아 낼 생각도 할 필요가 없습니다. 쫓아내려고 하면 그것이 또 번뇌가 되어 번뇌에 번뇌를 보태기만 할 뿐입니다. 그리고 친하고자 하는 것은 더 잘못된 일이므로 그냥 내버려 두면 될 일입니다.

수행하는 사람의 마음 자세가 그러해야 합니다. 우리가 관세음보살님을 찾으며 열심히 기도하다 보면 번뇌와 망상, 잡념이 일어나게 되어 있어요. 그런데 그 번뇌와 망상에 자꾸 신경쓰다보면 관세음보살님이 또렷하게 챙겨지지 않습니다. 번뇌와 망상은 여기에서 말한 것처럼 그대로 내버려두고 관세음보살님만 챙기면 됩니다.

어떤 사람은 '스님, 저는 앉기만 하면 번뇌 망상이 일고, 옛날 애인이 수십 번 나타났다가 사라집니다.' 하는데 그 번뇌 망상을 쫓아가면 안 됩니다. 친해도 안 되고, 또 '내가 그러면 안 되지' 하며 쫓으려는 그 자체도 번뇌 망상이 됩니다. 오로지 관세음보살님과 눈을 맞추면서 열심히 기도하다 보면 그러한 것은 자연히 없어져 버립니다. 화두 드는 사람도 마찬가지입니다. 화두를 열심히 들다보면 번뇌 망상은 없어지고 화두에 대한 의식이 성성惺惺해 집니다.

법문에는 이와 같이 마음자리를 나타내는 법문이 있고, 실생활에 교훈을 주는 법문이 있습니다. 또 하나의 법문이 어떤 때는 마음자리를 나타내면서 공부를 돕는 법문도 되고, 한편으로는 생활 법문이 될 때가 있습니다. 불호로신 하용소친, 좋지 않으면 심기를 괴롭히거늘 어찌 성기고 친함을 쓸 것인가 하는 이 법문도 마음자리를 나타내면서, 한편으로는 실생활의 교훈이 되는 뜻을 내포하고 있습니다. 이 말을 우리 실제 생활을 통해 살펴보면 다음과 같습니다.

절에 다니다 보면 준 것 없이 밉다거나, 정말 꼴 보기 싫다거나, 그냥 한 공간에 있는 것도 귀찮고 싫은 사람이 있습니다. 그런 경우가 있지요? 그럴 때는 어떻게 해야 하느냐, 그냥 내버려 두면 됩니다. 그 사람이 이 계단으로 올라간다고 해서 나는 저 계단으로 내려가겠다, 그럴 필요가 없어요. 지나칠 때 그저 '안녕하십니까?' 또는 '관세음보살' 인사하고 지나치면 돼요. 사람이 사람을 만났는데 당연히 인사 정도는 하고 지내야지요. 그리고 반대로 저 사람과 친하면 내가 좀 편할까 하고 부러 친하게 지내려고 하는 사람이 있어요. 그러나 그럴 필요도 없습니다.

여기에서는 악이라고 하였지만, 마음에 안 들거나 나쁜 사람이 있다면 그냥 자연스럽게 놔두면 될 일이지요. 그냥 내 나름대로 절에 와서 열심히 기도하고 공부하고 봉사하면 되는 것인데, 그런 사람 때문에 절에 못가겠다 할 일이 아니라는 겁니다. 그 사람이 나쁜 사람일지는 몰라도 멀쩡히 절에 열심히 다니고 있으니 그 사람 꼴 보기 싫어서 절에 안 가겠다는 사람만 손해입니다. 이것 싫어서, 저것 싫어서 절에 못 가겠다는 사람은 영원히 성불 못합니다. 그 사실을 알아야지요.

欲趣一乘욕취일승 勿惡六塵물오육진
일승으로 나아가고자 하거든 육진을 미워하지 말라.

일승一乘은 무상대도를 말합니다. 무상대도를 성취하려거든, 객관의 대상인 육진을 버리지도 말고 미워하지도 말라는 것입니다. 왜냐하면 중생이 집착심을 가지고 보면 육진이 되지만, 눈 밝은 사람이 바로 쓰면 육진이 육용六用으로써 진여의 대용이 되기 때문입니다. 그래서 육진을 버리고는 무상대도를 구할 수 없다 이런 말입니다.

일승一乘을 한문으로 직역하면 한 수레, 한 가족, 한 바탕, 한 근원이라는 뜻입니다. 『법화경』에 '삼승을 모아서 일승으로 돌아간다'는 구절이 있습니다. 이 일승의 자리는 근원의 자리입니다. 일승의 자리는 한바탕의 자리, 하나의 세계입니다. 바로 자기 참마음자리이며, 무상대도의 자리입니다. 그리고 그 자리가 바로 궁극의 세계입니다.

육진六塵은 색色・성聲・향香・미味・촉觸・법法을 말합니다. 육진은 육근六根인 안眼・이耳・비鼻・설舌・신身・의意에 상대한 개념입니다. 그리고 육진六塵인 색성향미촉법은 육경六境, 또는 육적六賊이라고도 하는데 육적은 우리의 본래 마음, 부처님 세계에 들려는 마음을 빼앗는 도적이라는 뜻입니다. 육진六塵을 한마디로 말하면 나 이 외의 상대입니다. 그러니까 우리가 일승一乘, 하나의 세계로 나아가려면 육진六塵, 즉 나 이외의 모든 상대를 미워하면 안 되겠지요?

우리가 가정을 이루면 한 가정이라 말하지, 두 내외가 있다고 해서 두 가정이라 말하지 않아요. 하나의 세계를 이루기 때문에 한 가정이라 합니다. 바로 일승, 한 수레를 타고 있는 것입니다. 그런데 거기에서 부인이 남편을, 남편이 부인을 미워하게 되면 한 수레가 될 수 없습니다. 한 가정, 하나의 세계가 안 되는 것이지요. 그런데 현실에는 같이 살면서도 두 가정을 이루고 사는 사람이 많은데 그것은 상대를 미워하기 때문에 그리 된 것입니다. 그래서 가정이 하나의 세계가 되려면 상대를 미워하면 안 되는 것입니다.

시골에 가면 나이 사십이 되어도 장가를 못 간 농촌 총각들이 많지요? 어떤 사람이 기계를 하나 만들었는데 그 기계에 돈을 넣으면 여자가 튀어 나오는 자동판매기였다고 합니다. 그래서 그 사람은 떼돈을 벌었다고 하는데, 자동판매기를 만든 사람의 친구가 옆에서 보니 돈 버는 거 별거 아니거든요. 그래서 자기도 자동판매기를 하나 개발해서 특허를 냈어요. 뭐냐 하면 자기 마누라를 자동판매기에 집어넣으면 돈 만 원이 튀어 나오는 기계로, 처음 자동판매기를 만든 사람보다 백배는 돈을 더 많이 벌었어요.

그러니 아주 조심들 하셔야겠습니다. 그런 판매기가 길거리 어디에 있을지도 모르거든요. 어느 날 남편이 '우리 산책가자' 하며 나가서는 자동판매기 속에다 집어넣어 버리고 만 원만 챙겨 집으로 돌아올지 모릅니다. 남편이 말은 안 해도 '아, 내가 실수했다. 왜 저 여자를 택했지?' 하는 그런 수준이면 자동판매기를 생각하는 남자입니다. 그러나 '이왕 만났으니 하나가 됩시다' 하면서 살아야합니다. 육진을 미워해서는 나도 행복할 수 없습니다.

이 이야기가 생활 법문이라면 지금부터는 마음의 법문입니다.
우리가 완전의 세계에 들기 위해서는 색성향미촉법을 정확하게 보아야 합니다. 피하면 안 됩니다. 빛깔이나 모양을 정확하게 봐야 합니다. 이 안근眼根이 색경色境을 정확하게 포착해야 합니다. 소리를 들을 때는 듣는 그 순간에 정확하게 들어야 합니다. 향을 맡을 때는 정확한 향내를 맡아야 합니다. 촉감 또한 마찬가지이지요. 그래서 정확히 볼 때 바로 일승, 하나의 세계가 됩니다.
다시 말하면 눈으로 본다 할 때 그 눈은 온전한 눈이어야 합니다. 마음의 눈으로 봐야 하는 것이지요. 그것은 백퍼센트 온 정신을 다해서 눈에 내 마음을 실어서 보는 것입니다. 마음의 눈으로 보면 그 상대와 한 자리에서 딱 만나집니다. 마음에 드는 남자가 혹은 여자가 있으면 빤히 쳐다보게 되지요? 무엇을 보든지 간에 그렇게 보아야 한다는 말입니다.
누군가와 얘기를 하고 있다면 오로지 그 상대에 초점을 맞춰야 됩니다. 그래야 그 세계는 일승, 하나의 세계가 됩니다. 한 자리에서 만나게 되는 것이지요. 바로 거기에 자성이 살아 움직이는 겁니다.

내 마음 가운데 있는 부처님을 자성불自性佛이라고 하고, 내 바깥 우주 가득히 계시는 부처님을 법신불法身佛이라 말합니다. 그러나 이 두 부처님의 궁극의 자리는 같습니다. 둘이 아니라 일승一乘, 한바탕이라는 말입니다. 한바탕의 자리에서, 자성불이 출중한 사람이 바깥세상을 보면 전체가 다 법신불의 화신으로 보입니다. 바람 소리도 부처님의 화신, 햇빛도 부처님의 화신입니다.

그런데 눈 밝은 사람이 보면 다 부처님의 화신이고 보살행이 되고 공부 거리가 되는 것이 눈 어두운 중생이 보면 다 마구니, 다 공부의 방해거리로 보입니다. 사실 세상 자체 그대로는 바로 법신불의 세계입니다. 부처님의 안목이냐 중생의 안목이냐에 따라 이 세상이 달라 보일 뿐인 것입니다. 그러므로 자기 마음 가운데의 자성불이 눈을 떠야 하는 것입니다.

자신의 자성불이 순간순간 깨어있어서 정확하게 볼 수 있고, 정확하게 들을 수 있는 통찰력이 있는 사람이면 이 우주의 모든 존재가 다 부처님의 화신으로 보입니다. 그래서 세상에 놓여진 두두물물頭頭物物이 다 부처님의 화신으로 꽃을 보면 꽃과 하나가 되고, 새 소리를 들으면 새 소리와 하나가 되는데 그런 자리가 바로 일승의 자리입니다.

> 天地同一體천지동일체
> 萬物無非我만물무비아
> 秋颼我呼吸추수아호흡
> 春景我眼華춘경아안화
>
> 천지는 동일한 몸
> 만물은 나 아님이 없어
> 가을바람 소리는 나의 숨결
> 봄볕은 나의 눈길
>
> 『시쾌사』, 한 몸, 無一 우학

바로 일승의 세계에서 눈 밝은 사람이 보는 세상에 대한 안목입니다. 이것을 수행에 적용하자면 이렇습니다.

우리가 관세음보살님을 부르고 외울 때는 관세음보살님을 정확하게 봐야 합니다. 관세음보살님을 앞에 두고 기도 또는 절을 할 때는 관세음보살님과 일체가 되어야 되는데, 일체가 된다는 것은 온전히 관세음보살님을 볼 줄 알아야 일체가 될 수 있습니다. 일체 잡념을 떠나서 마음의 눈 그대로, 눈에 마음을 실어서 그대로 봐야 돼요. 그리하면 그 자리에 부처님이 계십니다. 법당에 와서 부처님을 뵙고 절을 할 때 단 삼배를 할지라도 부처님과 한 자리에서 만나야 합니다. 그렇게 할 때 가피가 있습니다. 바로 현장에 부처님이 살아 있습니다. 일승의 세계를 이루었을 때 자성불이 출현하는 것이지요.

20

육진을 미워하지 않으면 도리어 정각과 동일함이라.
지혜로운 이는 억지가 없거늘
어리석은 사람은 스스로 얽매이도다.

六塵不惡육진불오하면   還同正覺환동정각이라
智者無爲지자무위어늘   愚人自縛우인자박이로다

六塵不惡육진불오   還同正覺환동정각
육진을 미워하지 않으면 도리어 정각과 동일함이라.

육진을 미워하지 않는다는 것이 무슨 뜻일까요? 중생은 대상을 보면 자꾸 겁을 냅니다. 겁이 나서 자꾸 도망을 가려고 해요. 그래서 여섯 가지 티끌, 육진이 되고 그것을 미워하는 것입니다. 수행이 된 사람은 육진을 미워하는 것이 아니라 육진경계를 똑바로 관합니다. 이것이 육진을 미워하지 않는다는 것입니다. 그리고 보이는 게 있다면 정확하게 봐 버리고 들리는 게 있다면 정확하게 들어 버리는 그 자체가 바로 통찰입니다. 그리고 이 바른 통찰력을 우리는 반야지혜라 말합니다.

　부처님의 성품인 불성佛性은 사람마다 가지고 있는 통찰력, 반야의 크기와 비례합니다. 불성이 다 똑같이 존재하는 것은 아닙니다. '저 개에게도 불성이 있습니까?' 하고 물었을 때 조주 스님께서 있다고 하였습니까, 없다고 하였습니까? 불성이 없다고 하였습니다. 그래서 무無자 화두가 나왔지요. 당연히 불성이 있습니다. 그럼에도 불구하고 앞에 앉은 젊은 스님이 개에게도 불성이 있느냐고 물은 것은 개의 불성과 자신의 불성을 나누어서 보는 그런 어리석음에 떨어졌기 때문입니다. 완전의 자리에 있지 못한 것이지요. 일승의 자리에서는 '너'와 '나' 라는 대립과 분별이 용납되지 않습니다. 그런데 이미 그 사람은 분별지에 떨어져 있어요. 그래서 조주 스님이 '바보 등신아, 저 개에게 무슨 불성이 있느냐? 없다!' 이렇게 말하셨던 것입니다. 실지로 개에게 불성이 있는지를 묻는 그 순간에 그 젊은 스님의 통찰력 속에는 불성이 없는 겁니다. 불성이 있는데 없다고 한 것이 아니라 실지로 없는 것이지요.

　그래서 이 육진의 경계를 딱 하나로 관하는 그 자리가 바로 반야의 자리요, 통찰의 자리입니다. 우리는 무엇을 보든지 정확하게 봐야 합니다. 정확하게 본다는 것이 무엇입니까? 순간순간 의식이 살아있는 것을 말합니다. 순간순간 의식이 살아있을 때 바른 통찰력도 살아있는 것입니다.

이렇게 순간순간 의식이 살아있는 것을 '깨어있음'이라 합니다. 깨어있음의 자리, 정각正覺의 자리가 바로 부처의 자리입니다. 『반야심경』에서는 이 자리를 보리菩提, 아뇩다라삼먁삼보리라고 하였습니다.

정각과 동일함이라는 것은 깨닫는 순간을 말합니다. 그리고 이 반야般若, 순간순간 깨닫는 순간에는 자비의 빛이 나타납니다. 이것은 대단히 중요합니다.

우리는 부처님을 대자대비大慈大悲 부처님이라 말합니다. 대자대비를 다른 말로 동체대비同體大悲라고도 합니다. 같은 몸으로 느끼는데서 자비가 일어난다는 것이지요. 그 말은 자기가 지금 상대하고 있는 대상과 딱 한 자리에서 느껴지는 것입니다. 부처님에게서 대자대비가 나타나는 것은 왜일까요? 바로 정각의 자리에 드셨기 때문에 그렇습니다.

많은 사람들이 '불교는 허황하다'고 잘못 알고 있습니다. 그렇지만 불교는 대단히 논리정연하고 현실적인 종교입니다. 이 경우도 마찬가지입니다. 자기가 깨달은 만큼 자비심이 일어나게 되어 있습니다.

내 자식이 아픈 것과 옆집 아이가 아픈 것, 또 전혀 관계없는 생면부지의 아이가 아픈 것에 느끼는 바는 사뭇 다릅니다. 길을 가다가 어떤 아이가 넘어져서 피를 흘리고 있는 것을 보았다고 가정해 봅시다. 뛰어가 들여다보니 내 아이라, 그럼 어떻게 합니까? 앞뒤 가리지 않고 무작정 업고 병원으로 뛰어갑니다. 내 아이와 나는 동체거든요. 그렇지만 옆집 아이, 또는 동네 아이 같으면 집에 전화를 해 준다거나 병원에 데려다 주겠지요? 무작정 업고 뛰어가지는 않는다는 말입니다. 그런데 노숙자가 쓰러져 있는 것을 보고 그 사람을 병원에 데리고 가는 사람 별로 없어요. 또 길거리에 개가 차에 받혀서 피를 흘리고 있다고 그 개한테까지 신경 쓰는 사람은 별로 없습니다. 나와 관계가 있고 없고에 따라 점점 거리가 멀어지지요.

그런데 진짜 깨어있는 사람은 그 범위가 자꾸 자꾸 넓어집니다. 하찮아 보이는 개미가 물에 쓸려 떠내려가는 것을 보고도 '아이구, 저거 떠내려가면 안 되는데!' 하는 생각을 합니다. 이런 사람은 부처님 마음에 접근해 가는 사람입니다. 바로 깨어있기 때문에 그렇습니다.

내가 어느 정도 깨어있는지, 내 지혜가 어느 정도인지를 알아보려면 자기 마음씀을 보면 충분히 알 수 있습니다. 길을 가다 진짜 불쌍한 사람을 만났는데도 전혀 동정심이나 자비심이 일지 않는다면 '아, 나는 아직도 깜깜한 무명중생이구나!' 하고 스스로 판단하면 됩니다. 이렇게 측은해 지는 마음, 상대와의 동체가 일어나는 정도를 가지고 자기의 반야지혜를 판단할 수 있습니다.

부처님은 우주 그대로 계시는 분이기 때문에 저 초목에 이르기까지 동체입니다. 그래서 초목이 다치면 부처님도 아픈 겁니다. 이렇게 중생의 깨달음과 부처님과는 비교할 수도 없을 만큼 부처님께서는 위대하시지요. 깨달음과 대자대비는 불가분의 관계입니다.

제가 몇 해 전 겨울 안거 중에 있을 때 쓴 일기를 하나 소개해 드리겠습니다.

> 세상엔 참 냉정한 사람도 있지.
> 일종식에 가행정진 하였더니 며칠 몸살이 나서
> 힘은 다 빠지고 피골 상접한데
> 나를 본 보살 하나가
> 안거 중에는 그래야 한다나?
> 내가 정색하고 말했지.
> 너 남편, 자기 자식 같으면 그렇게 말 하겠느냐고.
>
> 『시쾌사』, 왜 사는지, 無一 우학

어느 해 안거 중 있었던 일이었습니다. 가행정진이란 보통 때

보다도 참선을 더 많이 하는 것을 말합니다. 그렇게 안거 중에 있는데 일요일에 어떤 보살이 찾아와 하는 말을 듣고 제가 심하게 뭐라 했지요.

자비는 곧 사랑입니다. 내 지혜의 크기가 어느 정도인지, 정말 나는 나밖에 모르는 것인지, 내 가족만 생각하는지, 내 이웃까지도 생각하는지, 모든 인류 그리고 더 나아가 뭇 생명들, 모든 자연에 이르기까지 사랑하는지는 스스로 보면 알 수 있습니다. 그래서 반야에 빛깔이 있다면 그것은 사랑이요, 자비입니다.

智者無爲지자무위 愚人自縛우인자박
지혜로운 이는 억지가 없거늘 어리석은 사람은 스스로 얽매이도다.

지혜 있는 사람은 아무것도 할 것이 없습니다. 왜냐하면 대도가 현전하여 버릴 것도 취할 것도 없기 때문이지요. 지혜 없는 사람, 잘 모르는 사람이 취사심에 묶여 지옥 갔다 극락 갔다 온갖 전도를 거듭하는 것입니다.

또한 지혜로운 사람이 억지가 없다는 말은 오직 할 뿐이라는 말입니다. 공부하는 사람은 공부할 뿐입니다. 기도하는 사람은 기도할 뿐이지 그 결과는 자연의 순리, 진리에 맡겨 내버려 두는 겁니다. 어차피 선인선과善因善果 악인악과惡因惡果요, 자업자득自業自得입니다. 이 세상 돌아가는 이치는 너무나 분명하고 확연해서 꼭 그렇게 되게 되어 있습니다. 그래서 스케일이 작은 사람은 작은 그릇이 되고, 스케일이 큰 사람은 큰 그릇이 되지요.

지혜로운 사람은 자기 마음 가운데 있는 주인공이 성성惺惺합니다. 『초발심자경문』에도 '주인공主人公아, 청아언聽我言하라' 라는 구절이 있습니다. 이 주인공이 성성하게 깨어서 하는 일에 모두 주체적이고 능동적으로 하니 모든 일이 저절로 술술 풀려나가는 것입니다.

반면에 어리석은 사람은 무슨 일이든 억지로 합니다. 곁눈질하며 눈치를 보고, 한 것도 없이 김칫국물부터 마시기도 합니다. 수동적이고 주체가 되지 못하고 늘 주변만 빙빙 도니까 하는 일이 재미가 없지요. 그러니 일도 잘 안 풀려 매사 부정적이고 반항적이고 짜증을 잘 내는 것입니다.

참선과 기도를 하다 보면 주인공이 살아나기 때문에 세상이 재미있어집니다. 기도 많이 하세요. 세상일이 재미가 없고 짜증이 나고 일이 제대로 안 되는 사람은 더욱 수행해야 합니다. 그러면 반드시 되게 되어 있어요.

늘 포교, 포교 강조하는데 이 포교도 주체적이고 주인 정신을 가지고 하면 포교가 돼요. 주인 정신을 가지고 하다가도 주위에서 한소리 하면 기가 죽는 수가 있어요. '저 사람 한국불교대학 가더니 절에 미쳤네!' 이런 소리를 들으면 기분은 좋지 않습니다. 그러나 열심히 최선을 다 하다 보면 그런 소리도 듣는 경우가 생기지요. 오히려 그런 소리를 수백 번 들을 정도로 주체적이고 적극적이어야 신심 있는 것입니다. 그래야 부처님 가피가 있는 겁니다. 부처님 가피는 그냥 오는 게 아닙니다. 내 자신을 완전히 맡겨버릴 때 가피가 있는 겁니다.

그리고 자기 주인공, 자기 정신이 뚜렷한 사람, 능동적인 사람은 주체적이고 배짱도 있습니다. 어떤 보살이 운전을 배워서 비로소 차를 가지고 시내에 나갔어요. 차에 '초보운전'이라고 써 붙여 놓았지만 운전은 서툴지, 교통은 복잡하지 본인도 답답한데 열린 창문을 통해 남자 운전자들이 한마디씩 합니다. '여자가 집에서 밥이나 하지, 왜 차를 끌고 나와서 이렇게 복잡하게 해!'라고 말입니다. 요즘도 이런 사람들이 있는지 모르겠지만 어쨌든 이 보살이 집에 가서 생각하니 너무 억울해서 안 되겠더랍니다. 그래서 '초보운전' 글씨는 떼 버리고 이렇게 써 붙이고 다닌다고 합니다.

"나 밥하러 가는 중입니다."

배짱이 이 정도이니 모두 비켜 주지 않았겠는가 합니다. 이렇게 모든 일에 능동적이고 주체적인 사람은 그야말로 지혜도 있습니다.

> 가슴 저린 사연이 하도 크지 싶어 주섬주섬 옷 걸치고 나선다.
> 백 여리 길도 급히 왔을 텐데, 이까짓 수행 핑계대고 방구석에 틀어박혀 있자니 송구스러울 뿐.
> 돌아가서는 '나 만났다는 말 말했어'라는 소리까지 하는 줄 뻔히 알고도 할아버지 손자 어르듯 말한다.
> 이런저런 메아리 자질구레하니 상관하지 않고 살려니 배짱 두둑할 수밖에.
> 콩을 튀기든 팥을 튀기든 그건 나의 상대자가 아니다. 그리고 현재의 일도 아니다.
>
> 『명상일기(하)』, 배짱, 無一 우학

감포도량에서 동안거 중에 쓴 일기입니다. 이 일기를 쓰게 된 배경이 다음과 같습니다.

제가 원래 주보에 '일요일만 선방에서 나옵니다'라고 신도님들에게 발표하였습니다. 그럼에도 또 무슨 사연이 그리 많은지, 기수 별로 백 여리 길도 멀다 않고 평일에 쭈욱 찾아와서는 감포의 주지 스님한테 '스님, 꼭 뵈어야 합니다' 하고 청을 넣습니다.

그런 소리를 상좌가 전하니 방 안에 있어도 마음이 불편해서 옷을 주섬주섬 걸치고 나가지요. 그런데 나가보면 또 별것도 아니지요. 그리고 당부 차 제가 얘기를 합니다.

"분명히 말씀드립니다. 오늘은 평일이라 나오는 날이 아닌데 여러분이 오셨다고 해서 나왔으니, 혹시 큰 절에 돌아가셔서 절대 저 만났다는 소리는 하지 마십시오."

그러나 사실 이 말조차 돌아서서 다 한다는 것을 압니다. 왜 그걸 모르겠습니까? 그런데 그 말을 제 짐작대로 그대로 다 해버립니다. 그리고 일요일에 어떤 신도님이 와서는 평일에는 안 나오신다고 하셨으면서 왜 스님은 약속을 위반하시냐고, 이미 소문 다 났다고 따지듯 말해요. 그런데 저는 그런 일에 별로 신경 쓰지 않습니다. 지혜적 안목을 가지고 그 멀리서도 왔는데 잠시 만나면 되지, 바로 그러한 이야기입니다. 콩을 튀기든, 팥을 튀기든 그게 내 상대자가 아닙니다. 그리고 현재의 일도 아닌 것입니다.

지혜로운 사람은 억지를 쓰지 않습니다. 그리고 어떤 일을 할 때는 배짱있게 할 수 있어야 합니다. 특히 포교에 있어서는 더 말할 나위도 없습니다. 어떤 사람은 포교할 데가 없다고 하는데 그건 말도 안 되는 이야기입니다.

우리가 살아간다는 것은 사람과의 만남의 연속입니다. 사람을 만나지 않고 어떻게 살아갑니까? 집에 가도 사람이고 길거리를 나가도 사람이고 목욕탕을 가도 사람이고 찜질방을 가도 전부 사람입니다. 사람이 없긴 왜 없습니까. 전부 포교의 대상입니다.

'저 사람 한국불교대학 가더니 사람이 대단히 용감해졌다. 자신 있어졌어!' 하는 말도 듣겠지만 '아, 드디어 미쳤구나!' 이런 소리를 듣더라도 나약한 마음을 먹어서는 안 됩니다. 내가 불교를 알고 행복해지고 삶이 변화된 것처럼 모든 사람들이 행복하기를 바라는 대자비의 마음을 잊어서는 안 된다는 말입니다.

어리석은 사람은 억지로 한다고 하였지요? 부디 '나는 지혜로운 불자이다. 그러므로 수행과 봉사, 공부와 포교를 주체적으로 한다. 이런 내가 있어서 한국불교대학이 있다'고 생각해 주시기 바랍니다.

21

법은 다른 법이 없거늘 망령되이 스스로 애착하이라.
생각을 가지고 생각을 쓰니 어찌 크게 그릇됨이 아니랴.

法無異法법무이법이어늘　妄自愛着망자애착하여
將心用心장심용심하니　豈非大錯기비대착가

法無異法법무이법　妄自愛着망자애착
법은 다른 법이 없거늘 망령되이 스스로 애착
함이라.

　　중생이 생각하고 집착하는 특별한 다른 법이 있는데 공연히 스스로 애착할 뿐이라는 말입니다. 선이니 교니 중생이니 부처니 하는 분별들은 모두 망견인 변견으로서 이것은 모두 애착심이니 모두 버려야 한다는 말이기도 합니다.
　　여러 많은 뜻이 있지만 가장 직접적인 뜻은, 존재는 존재일 뿐이니 거기에 자기 식대로 다른 개념을 너무 드리우지 말라는 말입니다. 저 하늘의 달은 달일 뿐이지요. 그러나 그 달을 두고 어떤 사람은 눈물을 흘리기도 하고, 또 어떤 사람은 시를 쓰는가 하면 또 어떤 사람은 술을 한 잔 하기도 합니다. 또 어떤 사람은 과거의 애인을 생각하기도 하고, 또 덩실덩실 춤을 추기도 합니다. 이렇듯 하나의 달을 두고 보는 사람의 개념에 따라 달라집니다.

 이것은 인간관계에서도 마찬가지입니다. 예를 들면, 세 여자가 모여서 얘기를 주고받는데 한 여자는 스무 살이고, 또 한 여자는 스물일곱 살이고, 또 하나는 서른다섯 살로 모두 시집을 가지 않은 처녀입니다. 미혼인 한 남자를 두고 스무 살의 여자는 대번에 그 남자 키가 크고 잘생겼냐고 물어요. 스물일곱의 여자는 월급이 많으냐고 묻고, 서른다섯의 여자는 그 남자에게 아파트는 있냐고 묻습니다. 대상을 두고 자기 식대로, 자기 필요한 대로 생각을 하는 것이지요.

 스님들이 공부하는 곳이 강원입니다. 강원의 과정은 1학년 치문반, 2학년 사집반, 3학년 사교반, 4학년 대교반인데 1학년 치문반 때에는 여러 면에서 힘이 듭니다. 절 법이 얼마나 무서운지 1학년을 견뎌 내기가 힘이 들어요. 그러니 2학년, 3학년 지나서 4학년 대교반쯤 되면 얼마나 어깨가 으쓱하겠습니까? 그래서 대교반 학인들 하는 말이 '군수하고도 안 바꾼다' 합니다. 옛날 시골에서는 군수가 최고인 줄 알았었거든요. 그런데 그 말은 대통령과는 바꿀 수 있다는 말입니다. 이와 같이 존재가 조건에 의해서 움직이기 시작하면 그것은 애착이 됩니다.

  돈이 아주 많은 어떤 사람에게 조금 모자라는 딸이 있었습니다. 혼기가 찬 딸을 시집보내야 하긴 하겠는데 조금 모자라니 누구도 사위가 되려고 하지 않았어요. 그래서 아버지는 어떤 남자에게 일억을 줄 테니 딸과 결혼해 달라고 하였습니다. 그러나 남자는 일억으로는 안 되겠다고 하는 겁니다. 하는 수 없이 그러면 십억을 줄 테니 제발 결혼해 달라고 하였더니 십억이면 결혼을 하겠다고 하는 겁니다. 그게 바로 존재가 조건에 의해서 움직이는 것이지요. 그런데 이 법문을 듣는 것도 다 똑 같습니다.

我言無差別供通 아언무차별공통
或者談有瑕疵者 혹자담유하자자
或者談有滋味者 혹자담유자미자
我有如如不動座 아유여여부동좌

나는 똑같이 말을 합니다.
어떤 이는 나를 시원찮다고 합니다.
어떤 이는 나를 잘났다고 합니다.
나는 그 자리에 있을 뿐입니다.

『시쾌사』, 법문, 無一 우학

한 법문을 두고 어떤 이는 잘한다, 법문이 재미있다고 말하고, 어떤 이는 법문이 시원찮다고 말합니다. 한 법문을 두고 각자 자기 식대로 해석을 하고 개념을 덧씌워 그런 것이지요.

남자 아이가 아스팔트 길가에서 소변을 보고 있어요. 지나가던 초등학교 선생님이 '야, 이놈아. 길바닥에서 뭐하는 짓이고!' 하고 나무랐어요. 그 꼬마가 집에 돌아가서 자기 어머니에게, '어머니, 그 선생님은 내가 뭐하고 있었는지 그것도 모르나봐요' 하고 말했다는 겁니다. 선생님의 생각과 아이의 생각이 다른 것이지요.

옛날 통도사에 경봉鏡峰 큰스님이 계셨습니다. 1982년 세수 91세, 법랍 75세로 돌아가실 때까지 통도사 극락암에 계셨는데 이 경봉 큰스님은 생불生佛, 살아있는 부처라고 추앙 받을 정도로 대단한 분이었지요. 그래서 통도사 큰절의 신도 수보다도 큰스님이 계시던 작은 암자 극락암의 신도가 더 많았을 정도였습니다. 법회를 연다고 하면 인산인해를 이루고 난리였지요. 경향 각지에서 말 그대로 구름처럼 대중들이 모여 들었습니다.

이런 경봉 큰스님께서 돌아가실 때가 되자 제자들이 여쭈었습니다.

"스님, 스님 법체에서 사리가 얼마나 나오겠습니까?"

"이 삼천대천세계가 다 사리인데 또 어디서 사리를 찾느냐?

어리석은 짓들 하지 마라."

그러셨어요. 대단히 큰 법문이지요. 그런데 스님께서 돌아가신 뒤에 정말로 사리가 안 나왔어요. 신도들은 사리가 안 나왔다고 울고불고 난리를 치는 겁니다. 심지어는 큰 절에서 재를 모시는데 큰스님 법체에서 사리가 나오지 않았다 하고 공식적으로 알릴 정도였습니다. 그러자 차차 극락암의 신도 수가 떨어지기 시작하더니 얼마 되지 않아서 선방의 대중 스님들이 먹을 쌀이 부족할 정도가 되었다고 했습니다.

참으로 어리석고 어리석지요? 큰스님의 법력이나 인격은 그 사리에 있지 않음에도 불구하고 사람들은 사리에 집착하고 있었던 것입니다. 돌아가시기 전에도 사리에 집착하지 말라는 말씀을 하셨음에도 불구하고 말귀를 못 알아듣는 것이지요.

경봉 스님과 같이 큰스님은 어느 것 하나로 판단할 수 있는 분이 아닙니다. 그야말로 아주 대단하신 분으로 그 자체로만 보셔야 합니다. 나머지는 다 교화 방편인 것입니다.

이와 비슷한 이야기가 중국에도 있습니다.

중국 당나라 때 보화普化 존자라는 분이 계셨는데 마조馬祖 스님의 법통을 이은 아주 크게 깨달으신 도인 스님으로 알려져 있습니다. 보화 스님께서는 늘 법문을 하실 때 시내에 나가 네거리에 사람을 모아 놓고 법문을 하셨습니다. 요령을 막 흔들면 사람들이 모여듭니다. 그렇게 모여든 사람들을 상대로 법문을 하시는 것이지요. 이렇게 법문하시기를 하루 이틀도 아니고 삼, 사십 년 하다 보니 그 일대에 큰스님이라고 소문이 났습니다. 하루는 보화 스님이 말씀하시기를,

"내가 이제 다른 길을 가고 싶어서 그러는데 누구든 나에게 옷을 한 벌 해 주시오."

그러자 사람들은 금방 돈을 거둬서 가사 장삼 한 벌을 잘 지어서 며칠 후에 올렸습니다. 그러나 스님께서 말씀하십니다.

"내가 원하는 옷은 이런 옷이 아니오. 내가 죽어 입고 갈 옷을 원합니다."

그 말을 소문으로 듣고 머지않은 곳에 계셨던 임제 큰스님께서 수의도 아닌 관을 하나 짜서 보냈습니다. 그제야 보화 스님이 싱글벙글 웃으면서 말하시기를,

"임제 스님이 나를 아는구나."

그리고는 관을 둘러메고 네거리에 나가서 요령을 흔들며 다음과 같이 말하였습니다.

"이제 내가 가련다. 나의 열반을 보고 싶은 사람은 내일 남쪽 문 앞으로 나오시오."

사람들이 듣기에 얼마나 신기하였겠습니까! 연세 많으신 노스

님이 관을 하나 둘러메고 나와서는 내가 열반에 들것이라고 하니 말입니다. 사람들에게는 큰스님들은 어떻게 돌아가실까 하는 궁금증이 있지요? '큰스님 정도면 돌아가실 때 하늘에서는 꽃비가 내리고 땅에서는 향내가 진동하는가?' 하는 여러 가지 애착들을 많이 가집니다.

그래서 그 다음 날 많은 사람들이 남쪽 문 앞으로 다 모여들었습니다. 그런데 사람들이 많이 모여들자 스님께서는 관을 메고 하늘을 쳐다보시더니 이렇게 말하시는 것이었습니다.

"아, 오늘은 구름이 너무 많이 끼어서 안 되겠군. 내일 열반에 들어야겠다. 모두들 내일 서쪽 문 앞으로 나오시오."

사람들이 생각하기를 '아, 스님이 오늘은 날씨가 안 좋아서 열반에 들기 싫으신가보다' 하고 다음 날 다시 서쪽 문 앞으로 모였습니다. 전날보다 엄청나게 더 많은 사람들이 모여들었는데, 스님이 다시 요령을 흔들며 말합니다.

"오늘은 꼭 열반에 들려고 마음을 먹었었는데 바람이 너무 많이 불어서 안 되겠어. 내일 북쪽 문 앞에서 열반에 들 것이니 북쪽 문 앞에서 만납시다."

기가 차지요? 하루도 아닌 이틀을 헛걸음한 사람들은 돌아가면서 입을 비쭉대며 다시는 스님의 말에 속지 않을 것이라고, 스님이 우리를 놀리시는 게 분명하니 이제 안 나올 것이라고 하며 헤어졌습니다.

그리고 사흘째 북쪽 문 앞에 스님이 나오니 그래도 몇몇의 사람이 나와 있었습니다. 본인이 한 약속도 있으니 그만 열반에 들면 되잖아요? 그런데 스님은 또 핑계를 대는 것입니다.

"오늘은 내가 정말 열반에 들려고 마음먹고 나왔는데 몸 상태가 안 좋아…. 오늘은 도저히 열반에 못 들겠고, 내일 열반 할 터이니 동쪽 문 앞에서 봅시다."

곧 죽을 사람이 몸 상태가 무슨 문제입니까? 그런데도 그렇게 핑계를 대자 그래도 믿고 나온 몇몇의 사람들마저 스님에게 화를 내며 돌아갔습니다.

그리고 그 다음 날 동쪽 문 앞, 이제는 아무도 없는 그곳에서 스님은 평평한 바위 위에 관을 올려놓고는 스스로 들어갔습니다. 그리고는 지나가는 행인을 불러서 부탁하시는 겁니다.

"나는 보화라는 스님인데 관 뚜껑을 좀 닫아 주시오."

그래서 행인이 관 뚜껑을 닫으니,

"이왕이면 못도 쳐 주시오."

하고 부탁하시는 겁니다. 그래서 행인이 관 뚜껑에 못을 쳤는데 가만 보니 참 신기하고 재미있는 일이거든요? 그래서 온 동네에 '보화 스님이 관 속에 들었다!' 하고 소문을 냈어요. 소문은 말 그대로 순식간에 퍼져나가고 동쪽 문 앞으로 사람들이 모여들었습니다. 그리고 몇몇 사람들이 용기 내어 못이 쳐진 관을 열었는데 놀랍게도 그 관 안에는 아무도 없었어요. 그리고 그때 저 허공 중에서 스님이 법문 하실 때 늘 쓰시던 요령 소리만 딸랑딸랑 나는 것이었습니다.

열반은 열반일 뿐이라는 얘기입니다. 중생들이 죽음에 조차 너무 많은 애착을 하자 그것을 깨우치기 위한 방편으로 그런 법문을 하신 것이지요. 죽음은 죽음일 뿐이지요. 그와 같이 모든 존재도 같습니다. 존재는 존재일 뿐이지요.

법은 다른 법이 없거늘 망령되이 스스로 애착함이라, 인격이 그 죽음에 있지는 않다는 이야기입니다.

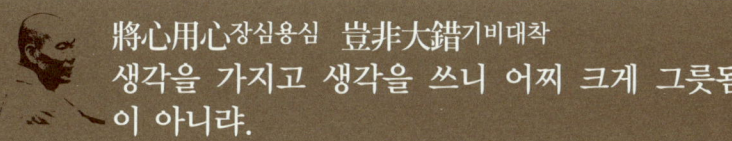

將心用心장심용심　豈非大錯기비대착
생각을 가지고 생각을 쓰니 어찌 크게 그릇됨이 아니랴.

쓸데없이 마음을 가지고 마음을 쓰고 있으니 어찌 크게 잘못됨이 아니겠습니까. 우리가 추구하는 대도는 본래 스스로 원만히 갖추어져서 그 진여광명이 일체에 현성해 있는데 자꾸 마음으로 잡으려 하고 취하려 하니 점점 더 멀어진다는 뜻입니다.

생각을 가지고 생각을 쓴다는 말은 선입견으로 사람을 대한다는 말입니다. 선입견을 가지고 있으면 그 대상을 바로 보지 못하므로 고정관념을 버리라는 것이지요.

흔히 '그렇게 생긴 사람은 늘 그렇지, 그 지방 사람들은 원래 그렇지, 그 사람 전에도 그랬었는데 이번이라고 다르겠어?' 하고 말하지요? 그런데 그런 생각이 정확한 진실을 보지 못하게 할 때가 많습니다. 사람은 그대로 고정되어 있지 않아요. 사람은 그 자리에 항상 머물러 있지 않습니다. 그럼에도 불구하고 자꾸 예전의 그 사람을 생각해서 판단합니다. 그것이 선입견이지요.

지금은 돌아가신 노무현 전 대통령이 인재를 쓸 때 처음에는 무진 애를 먹었다고 합니다. 지금의 그가 일하고 있는 것을 보면 일도 잘하고 인격도 괜찮고 훌륭해요. 그런데 그 한 사람을 어디에 기용하려고 하면 과거 이력이 전부 보고되어져요. 초등학교 때는 어떠했고 중학교 때는 어떠했다는 과거 이력의 전부를 보고받다 보니, 지금까지는 아주 괜찮은 사람으로 보였는데 달리 보이기 시작하는 것입니다. 사람 보는 눈이 180도 달라질 수밖에 없어요. 그때 노무현 전 대통령은 이미 지나가버린 쓸데없는 과거 때문에 사람 보는 눈이 흐려지니 당신께 보고 하지 말아 달라 했다고 합니다. 그리고 그런 정보를 모아서 보고하는 그 라인을 아예 없애

버렸다는 겁니다.

　지금 고귀하고 귀중한 것은 현재 이 사람이 어떤 인생관을 가지고 무슨 일을 하고 있느냐 하는 것입니다. 언제나 현재가 제일 중요한 법입니다.

　옛날 전강 큰스님이라고 선의 대가로 알려진 스님이 계셨습니다. 이 전강 스님께서는 스물세 살에 깨달음을 이루셨습니다. 대단한 일이지요. 얼마나 용을 쓰고 애를 썼던지 상기가 되어 고생을 하셨지요. 스님들 중에는 상기된 사람이 더러 있습니다. 상기병은 열기가 머리로 치달아 머리가 아프고 눈이 충혈되는 등의 현상으로 전강 스님처럼 심한 경우 피가 코와 입으로 쏟아지고 더 나아가 머리가 터지기도 합니다. 저도 한참 공부할 때는 눈에서 피가 날 정도로 상기가 되었었습니다. 지금은 많이 가라앉기는 했지만 가끔 상기가 됩니다. 전강 스님은 상기가 어느 정도셨냐 하면 정진하다가 기가 올라가 정수리로 피가 터져 버렸을 정도였다고 합니다. 그 당시 피를 얼마나 쏟았는지 백용성 스님께서 전강 스님을 모시고 병원에 갔습니다. 기미독립선언서에 서명했던 그 백용성 스님입니다.

　의사는 환자가 스님인지 아닌지 따지지 않습니다. 환자의 병만 고치면 되는 것이지요. 의사가 말하길, '이것저것 따지지 마시고 많이 드십시오. 특히 고기를 많이 드셔야 합니다. 또 혈액순환에는 술이 좋으니 술도 좀 드십시오' 하였어요. 스님 본인도 도저히 몸이 감당이 안 되었던지 드셨던 것 같습니다. 당시는 어려웠던 시절이라 돈이 없어 불국사 밑의 식당에 취직을 했어요. 그렇게 식당에서 사람들이 남긴 밥을 드시고 원기를 회복하셨다고 합니다.

전강 스님은 스물셋에 깨달음을 이루고, 십여 년을 만행하다 서른세 살 젊은 나이에 통도사 보광선원의 조실로 추대됩니다. 그렇게 젊은 나이에 조실이 되다니 대단한 일이지요. 삼보사찰인 통도사, 해인사, 송광사 중에서 통도사는 불보사찰로 부처님의 진신사리가 모셔져 있는 곳이면서 규모면에서 삼보사찰 중 제일 크다고 할 수 있습니다. 이렇게 큰 사찰의 조실이 되었다는 얘기지요. 그 당시 구화라고 하는 큰스님이 계셨는데 구화 스님께서 서른세 살의 젊은 스님을 불보사찰의 조실로 앉혔어요. 총림의 가장 수장은 방장인데 총림으로 지정되기 전 최고의 어른은 방장이 아니라 조실입니다. 방장이나 조실은 사실 격은 비슷하다고 볼 수 있어요. 그런데 서른세 살의 젊은 스님이 통도사의 조실을 지냈다면 이것은 대단히 획기적인 일입니다. 이것은 어쩌면 불교에서나 가능한 일인지도 모르겠습니다. 그러나 세월이 변해서 요즘은 방장을 하려면 안거를 몇 번 나야 하고 법랍은 얼마가 되어야 한다는 등의 조건이 생겼습니다. 스물아홉의 젊은 여성이 서울대학교 정교수가 될 만큼 오히려 세속은 파격적인데 절 집안은 틀에만 매이고 있으니, 안타까운 일입니다.

여하튼 이렇게 대단한 전강 스님이 한 번은 부산의 금정사라는 절의 노스님들로부터 초대를 받아서 갔습니다. 육, 칠십 대 노스님들께서 젊은 스님이 얼마나 부러웠겠습니까? 이십 대에 크게 깨달음을 이루셨다니, 평생 공부를 해도 이루기 힘든 일을 젊은 스님이 했다니까 궁금하기도 하고 대화도 하고 싶었겠지요. 그래서 모셔다가 간간이 고기도 대접하고 그랬던 것 같습니다. 그렇게 초청받아 간 금정사에서 노스님들과 함께 고기를 드시면서 한참 이야기를 재미있게 하고 있는데 갑자기 문이 확 열렸어요. 마침 해인사 조실 스님께서 무슨 일이 있어 오셨다가 전강이라는 스님이 와서 뒷방에서 노스님들과 술과 고기를 먹고 있다는 얘기를 들으신 것입니다. 그래서 화가 난 해인사 조실 스님이 나무라기 위해 찾아오신 겁니다.

"네 이놈들, 여기서 뭐하는 짓들이냐!"

이렇게 호통을 치시니, 잘못한 건 잘못한 것이니 사죄를 드리지요.

"저희들이 잘못했습니다. 얼른 정리하겠습니다."

그렇게 말을 하는 데야 해인사 조실 스님이 금정사 스님들을 어떻게 하겠어요.

"빨리 다 치우고 들어가서 자라."

하시면서 돌아서 나가시는데 전강 스님이 말씀하시는 겁니다.

"스님, 한 말씀 여쭤보겠습니다. 스님께서는 『화엄경』 공부를 많이 하셨다는데 『화엄경』에 보면 미진수품이라고 하는 품이 있지 않습니까? 그 속에는 이 세상의 모든 것이 들어 있다고 했는데 제가 지금 들고 있는 이 술잔은 『화엄경』 미진수품에서 몇 번째로 나오는지요?"

미진수라는 말은 지구 같은 별 하나를 완전히 밀가루처럼 보드랍게 가루로 만들었을 때 가루만큼의 수를 말합니다. 즉 헤아릴 수 없을 만큼 많은 수입니다. 『화엄경』 미진수품에는 이 세상 삼라만상 모든 것이 미진수품에 들어있지 않는 것이 없다고 밝히고 있습니다. 없는 것이 없다고 하였으니 온갖 것이 다 들어있다는 말이겠지요.

전강 스님의 이 같은 물음에 해인사 조실 스님은 아무 대답을 하지 못하였습니다. 아무리 조실이라도 선지가 열리지 않으면 답도 열리지 않습니다. 그래서 대답 없는 조실 스님에게 젊은 전강 스님이 시 한 수를 읊어 줬어요.

떨어지는 구름은 하얀 고목새가 나는 것 같고

가을 잔잔한 호수물은 하늘빛과 더불어 한가지로구나!
다리 저는 거북은 그물에 걸려 들어왔고
물을 만난 용은 헤엄쳐 가도다.

여기서 문제는 그 분의 인격이 고기 먹고 술 마시는 데 있지 않다는 것입니다. 그리고 젊은 스님이라 해서 지혜적 안목이 부족한 것도 아닙니다.

그런 점에서 장심용심 기비대착, 생각을 가지고 생각을 쓰면 안 된다는 것은 누구를 대하든지 늘 처음처럼 대해야 한다는 말입니다. 그게 바로 잘사는 길입니다. 선입견이나 고정관념을 다 없애고 보아야 합니다. 오늘 만났던 사람을 내일 다시 만난다고 해도 마치 처음 만나는 사람처럼 아주 신선한 마음으로 대해야 하는 것입니다.

樂而不着
즐기되 집착하지 않는다

乐马不老

22

미혹하면 고요함과 어지러움이 생기고
깨치면 좋음과 미움이 없나니라.
모든 상대적인 두 견해는 잘못 짐작하기 때문이로다.

迷生寂亂미생적란이요 悟無好惡오무호오이니
一切二邊일체이변은 良由斟酌양유짐작이로다

迷生寂亂미생적란 悟無好惡오무호오
미혹하면 고요함과 어지러움이 생기고 깨치면 좋음과 미움이 없나니라.

미혹하다는 말은 어리석다, 헤맨다는 말입니다. 양극단에 매여 중도적 삶을 잃어버려서 변덕이 죽 끓듯 하게 된다는 것이지요. 그래서 우리는 내 주체성, 내 정신이 있는지 없는지 살피기 위해서는 내 생각이 죽 끓듯 하고 있지 않은가 하고 잘 돌아봐야 합니다.

치매 걸린 사람을 가만히 보면 늘 치매 상태는 아닙니다. 헛소리 할 때는 아들을 보고도 아버지라 하고, 딸을 보고도 '여보, 부인'이라고 하지만 멀쩡할 때는 또 멀쩡해요. 우리 중생의 생각 또한 그렇습니다. 아침저녁으로 생각이 바뀝니다. 인생 전체를 보더라도 그렇습니다.

연애시절에는 어때요? '이것 좀 드셔보세요. 저것 좀 드셔보세요.' 하면서 입에 넣어 주기도 하지요. 그러다 결혼해서 나이 사십이 넘어가면 '이거 좀 더 먹어, 이거 맛있거든. 먹어봐' 하면서 반말을 합니다. 그리고 나이가 칠, 팔십 넘어가면 '능력도 없으면서 먹기만…' 그럽니다. 처음 마음이 점점 엷어지고 나중에는 자신도 감당 안 되는 소리를 하게 되지요. 그게 다 미혹해서, 생각이 막혀 깜깜해져 그런 것입니다. 이렇게 깜깜한 중생을 무명중생이라 하는데 깜깜한 중생, 어리석은 중생의 세계에서는 조금만 조용해도 조용하다 트집 잡고, 조금만 시끄러우면 시끄럽다 트집이지요.

그렇다면 깨달음의 세상은 어떤 세상이겠습니까? 바로 완전히 열려져 있는 세계입니다. 생각의 칸막이가 없고 좋다, 싫다 분별하지 않는 세계입니다.

오조 홍인弘忍 스님이 행자의 신분인 혜능에게 가사와 발우를 건네며 법을 전합니다.

"이 가운데는 감투에만 신경을 쓰고 명예욕만 가득한 대중이 많으니 내 정법을 물려줄 수가 없다. 사람들이 너를 해칠까 두려우니 속히 떠나거라."

이렇게 말씀하시면서 잠시 한두 시간 가르친 경이 바로『금강경』입니다. 그래서 육조 혜능 스님은 스승이신 홍인 스님의 말씀대로 대유령 고개를 넘어 남쪽으로 떠나게 된 것이지요.

법이 행자에게 전해졌다는 것은 대단한 일이지요. 불교만이 할 수 있는 일입니다. 혜능 스님은 속가 이름도 혜능이었는데 태어났을 때 지나가던 스님이 혜능이라고 지어 주었던 것을 후일 홍인 스님이 그대로 법명으로 삼으라고 한 것입니다. 그것은 '이생에 와서 닦은 것이 아니고 과거 전생부터 많이 닦은 바가 있다' 는 그러한 의미가 포함되어 있는 것이지요.

행자의 신분으로 법을 전해 받고 남쪽으로 향한 혜능 스님을 4품 장군 출신의 혜명이라는 스님이 의발을 빼앗기 위해 뒤따라 옵니다. 그래서 혜능 스님은 '믿음의 표시인 의발을 힘으로 다룰 수 없을 것이다' 생각에 가사와 발우를 바위에 얹어 놓고 본인은 풀숲에 숨습니다. 뒤쫓아 온 혜명 스님은 바위에 놓여 있는 의발을 보고 '가사와 발우는 이제 내 것이다. 이제 내가 육조가 되겠구나' 하고 가사와 발우를 드는데, 들렸습니까? 안 들렸지요. 당황한 나머지 혜명 스님이 혜능 스님에게 묻습니다.

"행자여, 이게 무슨 일인가?"

모두 다 해봤댔자 2, 3킬로그램이 안 되는 의발이 안 들리다니, 왜 안 들리겠습니까? 심리적인 문제 때문에 그렇습니다. 그래서 풀숲에 있는 행자를 향해 소리를 치는 겁니다.

"행자여, 나는 법을 위해 온 것이지 가사와 발우 때문에 온 것이 아닙니다. 행자여, 부디 나를 위하여 법을 일러 주시오."

"불사선不思善 불사악不思惡, 선도 생각하지 말고 악도 생각하지 마십시오!"

선이다, 악이다 하는 것도 사실은 모두 인간이 만든 것입니다. 내 마음에 들면 선이고, 내 마음에 들지 않으면 악이라고 하는 것이지요. 그러나 진리의 세계는 선악을 초월합니다. 그래서 절에 다니며 공부하고 기도하다 보니 마음이 너그러워지고 태평하게 되잖아요. 이는 우리가 확철대오라 하여 큰 깨달음은 이루지 못할지라도 깨달음의 문에 점점 진입해 들어가는 것입니다. 여기 『신심명』에서 이것을 오무호오라, 바로 깨치면 좋음과 미움이 차차 없어지더라고 말하는 것입니다.

깨닫는다는 것은 공의 세계를 깨친다, 공의 세계를 체득한다는 말입니다. 『반야심경』도 『금강경』도 다 공 사상이 그 바탕입니다. 공은 바로 진리의 세계이므로 진리의 세계를 깨친다는 말이기도 합니다. 공의 세계, 진리의 세계는 다 있어서 좋을 뿐이지 없어야 할 것은 없습니다. 그런데 사람들은 자꾸 분별심으로 좋고 나쁜 것으로 나누지요.

감포도량 산책길에 개나리와 진달래꽃이 피어있는 것을 보고 어느 신도분이 묻습니다.

"스님께서는 개나리꽃과 진달래꽃 중에서 어느 꽃이 좋으십니까?"

이때 만약 개나리꽃이 좋다고 하면 진달래꽃이 뭐라 할 것이며, 반대로 진달래꽃이 좋다고 한다면 개나리꽃은 뭐라 하겠습니다. 어쩌면 '이 스님 정신이 있나, 없나?' 할지도 모르겠습니다. 그저 개나리는 노란 꽃이어서 노란 대로 좋은 것이고, 진달래는 붉어서 붉은 대로 좋은 것이지 비교의 대상이 아닌 것입니다. 묻는 것 자체가 어리석기 짝이 없는 건데 우리는 그렇게 묻고 답하는 것을 반복하지요.

저는 집안의 장손으로 제가 어릴 때 할아버지, 할머니, 증조모까지 다함께 살았어요. 한 번은 할아버지와 할머니께서 삼촌을 데리고 어딜 다녀오셨는데 알고 보니 선을 보러 갔다 왔어요. 그래서 삼촌한테 한번 물어봤어요. '삼촌, 선 볼 때 어떻게 봐요?' 했더니 둘이 마주 앉아 빤히 쳐다본다고 하는 것입니다. 옛날에는 그랬던가 봐요. 그런데 함께 선 자리에 다녀오신 할머니가 '여자가 키가 작아서 못 쓴다' 하시며 자꾸 잔소리를 하시는 겁니다. 그러자 할아버지가 할머니에게 '이 사람아, 여자가 키가 좀 작으면 어때! 키 작으면 길 가다가 돈만 잘 줍는다.' 하시는 거예요. 그리고 한참 뒤에 삼촌이 또 선을 보게 됐어요. 선을 보고 와서 할머니가 하시는 말씀이 '여자가 그렇게 키가 멀대같이 커서 어디다 써먹어!' 하시며 난리인 겁니다. 키 큰 것을 나무라자 할아버지가 '키가 크면 시렁 위에 있는 것 내려 먹기 좋지!' 하시는 겁니다.

할아버지 말씀처럼 키 큰 여자는 키가 커서 좋고, 키가 작은 여자는 또 그런대로 좋은 것입니다. 이처럼 우리 중생의 눈은 보는 각도에 따라서 달라지지요. 그래서 불교 공부가 필요하고, 기도와 참선이 필요한 것입니다. 차근차근 불교 공부하고 기도하고 참선하면 어느 순간엔가 싫다 좋다는 분별의 경계를 초월하여 공의 세계, 진리의 세계로 진입하게 되는 것이지요.

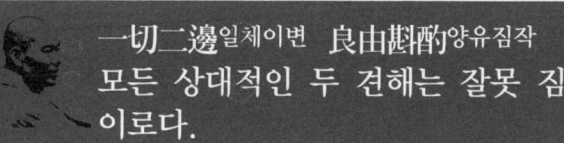

一切二邊 일체이변 良由斟酌 양유짐작
모든 상대적인 두 견해는 잘못 짐작하기 때문이로다.

두 가지 견해 즉, 양변을 다 버려야만 무상대도인 일승으로 나아갈 수 있는데 우리가 쓸데없는 생각과 계교심計較心을 일으켜 이리 따지고 저리 따지므로 잘못 짐작하게 되는 것입니다.

짐작斟酌이란 말은 순 우리말인 것처럼 보이지만 한자어입니다. 어림잡아 헤아린다는 뜻이지요. 중생의 간택이 이렇게 어림잡아 헤아리지요. 모든 상대적인 두 견해는 잘못 짐작하기 때문인데 우리가 어림잡아 헤아리는 버릇을 버리지 못하면 일체 둘이 아닌 경지에 들어갈 수 없습니다.

예를 들면 '부처님께서 나를 도와주실까?', '절을 해서 될 일이면 다 절을 하지 왜 안 하겠어?', '절을 하면 정말 이루어질까?' 하고 자꾸 헤아립니다. 자기 짐작을 보태는 것이지요. 그러나 자기 짐작을 자꾸 보탤 것이 아니라 곧바로 무릎 꿇고 절하면 되는 일입니다. 지금 할 뿐입니다. 지금 할 뿐, 짐작으로 다른 것을 자꾸 보태지 말라는 얘기입니다.

聖人行智慧作用 성인행지혜작용
凡夫行識之誤謬 범부행식지오류
行住坐臥皆相似 행주좌와개상사
價値結果米糞類 가치결과미분류

성인행은 지혜작용

범부행은 식의 오류

행동거지는 비슷하나

가치 결과는 천양지차

『명상일기(상)』, 가치의 결과, 無一 우학

하는 행은 비슷해 보일지 몰라도 지혜로운 사람과 어리석은 사람은 다릅니다. 절을 하더라도 모든 것을 다 내려놓고 오로지 부처님 전에 내 모든 것을 바치는 마음으로 한다면 그것은 바로 여기에서 얘기하고 있는 것처럼 어림잡아 하는 것이 아닙니다. 그냥 정성껏 할 뿐이지요. 그것이 바로 성인이 하는 행입니다. 이렇게 할까 말까 하는 범부의 행과 정성껏 할 뿐인 행의 결과는 천양지차입니다.

가끔 4층 옥불보전에는 고기 냄새가 납니다. 그것은 1층과 2층에 있는 참좋은 어린이집, 참좋은 유치원 아이들의 식당에서 요리하는 냄새인데 덤웨이터를 타고 이렇게 4층까지 냄새가 나는 겁니다. 참좋은 유치원 앞을 지나다 간혹 원생들을 만나면 아이들이 어떻게 하던가요? '관세음보살~'하고 인사하지요. 그런 것을 보면 기특하다, 예쁘다 생각도 들지요? 그런데 이 유치원을 처음

지으려고 할 때도 허가를 낼 때도 사람들은 자기 식대로 생각하여 '왜 쓸데없는 짓을 하는가?', '안 될 거라고 그렇게 말해도 안 들으시더니 허가도 안 나네', '유치원 허가 나면 내 손에 장을 지진다' 등등 여러 억측과 말들이 많았습니다. 하지만 지금은 어떻습니까? 자신 있게 손에 장을 지진다는 분들이 내가 언제 그랬냐 합니다.

자꾸 자기 식대로 생각하고 말을 하다보면 사실 될 일도 그르치기 쉽습니다. 다행한 것은 우리 한국불교대학이 정법도량임을 믿고 기도해 주시고 성원해 주시는 법우님들이 더 많기에 모든 일이 원만하게 돌아가는 것입니다.

그러니 살면서 쓸데없는 망상을 자꾸 지을 게 아니라 매사 할 뿐이기만 하면 되는 것입니다.

23

꿈속의 허깨비와 헛꽃을 어찌 애써 잡으려 하는가.
얻고 잃음과 옳고 그름을 일시에 놓아 버려라.

夢幻空華몽환공화를 何勞把捉하로파착가
得失是非득실시비를 一時放却일시방각하라

夢幻空華몽환공화 何勞把捉하로파착
꿈속의 허깨비와 헛꽃을 어찌 애써 잡으려 하는가.

꿈속의 허깨비와 헛꽃은 일체의 변견을 말합니다. 성불하려는 것도 꿈속의 불사佛事이니 성불한다는 것도 중생을 제도한다는 것도 모두 꿈이며 헛꽃이므로 그 모든 것을 놓아 버려야 하는데 왜 이를 잡으려고 애를 쓰느냐 이 말입니다.

몽환, 꿈속의 허깨비입니다. 꿈속에서 시달릴 때가 있습니다. 공화, 공중에 핀 꽃 즉, 헛꽃입니다. 일시적이지만 아름답습니다. 그 꽃을 보신 분도 있을 겁니다. 앉았다가 일어설 때 하늘에서 불이 반짝반짝 거리는 것을 보신 경험이 있으신가요? 그것이 바로 공화空華입니다. 없는 것인데 있는 것처럼 보이지요. 그런데 그것을 잡으려고 애를 써 본들 잡히겠습니까? 잡히지 않지요.

그래서 『금강경』에 이런 구절이 있습니다.

　　一切有爲法 일체유위법
　　如夢幻泡影 여몽환포영
　　如露亦如電 여로역여전
　　일체의 행함이 있는 법은
　　꿈같고 환상같고 물거품 같고 그림자 같고
　　이슬 같으며 또한 번갯불 같나니라.

이것을 유위법有爲法이라고 합니다. 중생의 분별 망상의 눈으로 보는 것, 중생의 욕심이 개입되서 보는 것은 다 유위법입니다. 대상은 똑같은데 중생이 보느냐, 부처님이 보느냐에 따라 그 내용이 달라집니다.

어떤 보살 내외가 와서 얘기를 합니다. 아는 사람과 동업하면 돈을 벌 수 있겠다는 생각에 그 사람과 동업하고 싶어서 계속 그 얘기만 하는 거예요. 이미 돈을 벌 수 있다는 욕심이 가득한 보살이 하는 말이, 그 사람을 보면 눈썹도 예쁘고, 입도 예쁘고, 코도 예쁘다나요. 그런데 장사하는 것과 그 사람의 외모가 무슨 상관이 있어요. 남편의 호감을 사려고 보기에 괜찮더라고 그렇게 이야기를 하는 것이지요.

듣기만 듣던 남편이 하다못해 딱 한마디 했습니다.

"이 사람아, 그 겉껍데기를 보고 어떻게 알아?"

그 말을 듣고 저도 한마디 했지요.

"거사님 말이 옳습니다."

이처럼 중생의 분별과 망상, 욕심으로 인해서 보여지는 모든 것은 다 유위법입니다. 이때는 자기 주인공을 망각하고 외부 대상을 좇아가기만 합니다. 그래서 '꿈속의 허깨비와 헛꽃을 어찌 애써 잡으려 하는가?'라고 말하는 것이지요.

우리는 '아, 이것이 꿈이구나', '이것이 영원하지 않구나' 하는 자각이 있어야 합니다. 그래서 자각하는 순간, 진실이 되고 영원의 세계가 됩니다.

세상을 살아가는데 재물이나 명예, 권력, 이성, 직책 등은 모두 다 필요합니다. 그런데 대부분의 사람들이 그것에 부림을 당하기 때문에 문제가 되는 것입니다. 내 성성한 정신으로 또렷이 보고 그것을 부려가면서 살면 아무 문제가 되지 않는데 말이지요.

내 성성한 주인공이 살아 있기 위해서 하는 게 또한 경전공부
요, 수행입니다. 우리가 열심히 참선을 하거나 기도를 하면 정신
이 반듯해지고 엉뚱한 것에 홀리지 않습니다. 질질 끌려 다니지도
않습니다. 마치 그것은 일시적으로 끼어 있는 안개가 이 모양 이
대로 영원하지 않다는 것을 알면 안개 그대로 참인 것과 같습니
다. 안개가 안개 아닌 줄 알면 안개 그대로 참입니다. 그래서 명예
나 이성, 직책, 권력 등 이러한 모든 것을 정확히 볼 수만 있다면
그 모든 것은 있어서 나쁠 것은 없지요.

그런데 내 정신이 매몰될 정도로 과도한 애착을 부리게 되면
바로 꿈속의 허깨비를 잡는 것과 같이 되는 것이지요. 모든 것이
그렇습니다. 그리고 그것은 자식이라도 마찬가지지요. 요즘 대부
분 하나 둘을 키우다 보니 얼마나 귀하고 아깝겠습니까만, 그래도
너무 애착합니다. 자식은 자식일 뿐입니다. 너무 애착하다 보면
조그마한 것에도 배신감을 느끼고 심해지면 우울증에 걸리기도
합니다. 자식의 문제라 할지라도 꿈속의 허깨비와 헛꽃을 애써 잡
으려 하는 것과 똑같습니다.

衆生言語增業障 중생언어증업장
佛長廣說累福琨 불장광설누복곤
發說聽言同一理 발설청언동일리

要望不離佛地村 요망불리불지촌

중생의 말은 업장만 더하고

부처의 말은 복을 쌓느니

이야기 하는 것 듣는 것이 매한가지

어쨌든지 부처동네 떠나지 마소.

『시쾌사』, 동일한 이치, 無一 우학

부처동네가 어디겠어요? 여기 한국불교대학이, 大관음사가 부처동네입니다.

중생은 자기 욕심에 의해서 자꾸 헛소리를 합니다. 그리고 그 헛소리 하는 자체가 업이 됩니다. 그러나 듣는 것도 매한가지입니다. 쓸데없는 소리를 계속해서 듣게 되면 정신이 소란스럽습니다. 그리고 사는 일이 재미가 없어지고 화가 나기도 해요. 쓸데없는 말을 하는 것도 업이 되고, 쓸데없는 소리는 듣는 것도 업이 된다고 하였으니 쓸데없는 소리 많이 지껄이는 사람과는 어쨌든지 사귀지 않는 것이 좋습니다. 그게 상책입니다.

반면 사람들 중에도 늘 진리적인 이야기, 남의 덕담을 하는 사람들의 얘기는 어떻던가요? 그런 사람의 이야기를 들으면 일단 마음이 굉장히 편안해져요. 들으면 들을수록 좋지요. 부처님의 말씀, 진리의 말씀을 계속해서 듣다보면 마음이 얼마나 느긋해지고 평화로워집니까? 그리고 이런 부처님의 말씀을 다른 사람들한테 자꾸 전하다 보면 그 자체가 기쁜 일이 됩니다.

부처의 말은 복을 쌓느니
이야기하는 것 듣는 것이 매 한 가지
어쨌든지 부처동네 떠나지 마소

무슨 일이 있더라도, 설사 죽는 일이 있더라도 세세생생 부처님을 의지하고 따르겠다는 이런 마음을 내어야 합니다. 그런데 오히려 작정 안 해도 될 것을 작정하시는 법우님들이 더러 있어요. '오늘 경전 공부 수업 하지 말고 모임에나 가야지', '일 년 정도만 다니면 되지' 이런 작심은 안 하셔도 됩니다. 열심히 하겠다는 마음을 먹어도 장애 요소가 생기는데 하다 말겠다는 마음에는 얼마나 더 많은 장애 요소가 생기겠습니까. 부디 부처동네를 떠나지 마시기 바랍니다.

得失是非득실시비 ―時放却일시방각
얻고 잃음과 옳고 그름을 일시에 놓아 버려라.

몽환공화 하로파착 득실시비 일시방각

잘잘못과 옳고 그름 모두 변견이니 이러한 변견을 완전히 버리면 중도가 현전하지 않겠느냐는 것입니다. 얻었다 잃었다, 옳다 그르다 하는 것은 모두 중생의 욕심에 기인합니다. 공의 세계에서는 본래 세상은 그대로 존재할 뿐, 얻었다 잃었다 하는 것은 생각에 있다고 하였습니다.

不生不滅불생불멸
不垢不淨불구부정
不增不減부증불감
난다는 것도 없고 없어진다는 것도 없고
더럽다 할 것도 없고 깨끗하다 할 것도 없고
늘어났다 할 것도 없고 줄었다 할 것도 없다.

『반야심경』에서도 이와 같이 밝히고 있습니다.

즉, 얻고 잃음과 옳고 그름을 일시에 놓아 버리라는 것은 바로 바라밀의 세계, 진리의 안목에서 한 말입니다. 득실시비 일시방각, 대단한 말이지요.

우리가 더럽다고 하는 그것이 식물에게는 자양분이 되기도 합니다. 본래가 다 득실시비가 없는 세상인데 이것이 일어나는 것은 자기 자신 때문이지요. 자기 자신의 시비, 분별, 망상 때문에 있는 것입니다.

"옳거니 그르거니 상관을 말고 산이건 물이건 그대로 두라. 하필이면 서쪽에만 극락세계랴, 흰 구름 걷힌 곳에 청산인 것을."

임제 스님의 시입니다. 시시비비에 너무 휩쓸리면 안 된다는 말입니다. 산은 산대로 좋고 물은 물대로 좋지요. 그런데 우리가 그게 잘 안 되는 가장 큰 이유는 상 때문입니다. 내가 잘 났다는 상이 문제이므로 상을 놓아 버려라 하는 것입니다.

상을 놓지 않으면 둘로 나누어집니다. 일체감이 일어나지를 않아요. 부부가 같이 살면서도 서로 상이 너무 많으면 하나가 될 수 없습니다. 그럼 평화가 깨어지고 행복하지를 못해요. 어느 사람, 어떤 관계도 마찬가지입니다.

"스님, 여자는 왜 이렇게 살기 힘든지 모르겠어요. 셋만 모이면 싸웁니다."

둘이 한 편하고 남은 한 사람 소외시키는 등 여자 셋만 모여도 시끄럽다는 말이지요. 이 말을 들은 어느 보살님이 말합니다.

"스님, 셋이 뭡니까? 둘만 있어도 싸웁니다."

그런데 여자만 그런 것이 아닙니다. 남자 또한 그렇습니다. 중생은 모두 똑같습니다. 이 모두가 자기 잘났다는 상 때문에 그런 것입니다.

　자기 잘났다는 상 때문에 득실시비가 일어나니 그 상을 일시에 다 내려놓는 방법도 오로지 참선하고 기도하고 불교 공부를 열심히 하는 겁니다. 공부가 익어가고 기도가 깊어지면 일시에 다 놓아집니다. 모든 것을 다 내려놓고 보아도 세상은 별반 무리 없이 또 돌아가고 있습니다.

　　세상이 어떻게 돌아가나 하고
　　여러 달 만에 뉴스라고 보자니
　　역시 그런 얘기들이다.
　　사람들은 두 다리로 걷고 있고
　　달팽이는 기어가고 있고
　　새들은 여전히 날고 있다.
　　물론, 물고기들은 헤엄치고 있고
　　들짐승들은 이리저리 뛰고 있다.

　　　　　　　　『명상일기(상)』, TV 뉴스, 無一 우학

24

눈에 만약 졸음이 없으면 모든 꿈 저절로 없어지리라.
마음이 다르지 않으면 만법이 한결 같느니라.

眼若不睡안약불수하면 **諸夢自除**제몽자제요
心若不異심약불이하면 **萬法一如**만법일여니라

眼若不睡안약불수 **諸夢自除**제몽자제
눈에 만약 졸음이 없으면 모든 꿈 저절로 없어지리라.

누구든지 잠을 자지 않는다면 꿈도 꾸지 않습니다. 꿈은 잠을 자기 때문에 있는 것입니다. 너무나 당연한 이야기입니다. 그러니 졸음이 없는데 어떻게 꿈이 생기겠습니까? 이렇게 진리라고 하는 것은 너무나 당연하고, 당연한 것이 진리입니다. 그걸 아셔야 합니다. 상식을 벗어나면 진리가 아닙니다.

졸음이 올 때 우리 눈은 어떻습니까? 눈꺼풀이 자꾸 내려와 눈을 덮지요. 눈꺼풀은 잠을 잘 때 눈을 덮으려고 있는 게 아니겠어요. 그래서 반대로 깨어있으려면 이 눈꺼풀을 자꾸 들어 올려야 하는 것이지요. 불교에서 늘 하는 이야기가 '깨어있으라' 하는 말입니다. 『반야심경』의 '원리전도몽상遠離顚倒夢想, 뒤집혀진 꿈같은 생각을 멀리 여의어'라는 말도 바로 그 말입니다. 역시 깨어있으라는 말이지요. '스님, 스물네 시간 내내 자고 있는 사람도 있습니까?' 하고 묻는 사람도 있지만 불교에서 말하는 이 깨어있음이란 육체적으로 자는 걸 말하는 게 아닙니다. 정신이 또렷하게 깨어있음을 말하는 것이지요.

이렇게 늘 깨어있기 위한 가장 쉽고 빠른 방법이 관세음보살을 항상 챙기는 것입니다. 관세음보살님이 내 몸과 내 마음에 살아 계시면 내 자신이 깨어있는 겁니다. 그래서 관세음보살을 놓치면 안 돼요. 자기 전에도 관세음보살, 길을 걸으면서도 관세음보살, 아침에 일어나면서도 관세음보살 해야 하지요. 이같은 방법이 관세음보살을 외부적으로 찾는 것 같지만 자기 자신을 찾는 공부입니다. 자기 자신이 깨어있는 훈련이지요. 그리고 한 걸음 더 나아가 '관세음보살님을 외우고 부르는 나는 무엇인가?', '무엇이 관세음보살님을 보고 부르는가?' 하는 참선 수행으로 들어가야 돼요. 그러면 의식이 또렷또렷하게, 충분히 깨어있게 되는 것이지요.

잠을 잔다는 것은 한자 '매魅'와 같습니다. 이 매는 매혹하다,

홀리다, 정신을 흐리게 하다, 현혹되다는 뜻을 가지고 있는데 우리가 잠을 잘 때는 정신이 없지요? 잠이 막 쏟아질 때는 정말 정신이 하나도 없어요. 군대에서는 몇 날 며칠이고 행군을 하는데 나중에는 걸어가면서도 잡니다. 잠을 자며 걸어가니 정신이 있겠어요? 그러니 낭떠러지에 떨어지거나 넘어지는 사고가 생기기도 하고 그러지요. 졸음운전 하다가 교통사고 나는 뉴스를 종종 보지요? 이런 경우는 나만 다치거나 죽는 게 아니라 다른 사람들까지도 죽게 합니다. 그래서 이렇게 정신을 흐리게 하거나 홀려 있지 말고 깨어있으라고 말하는 것입니다.

우리는 다 자기 마음의 운전수가 되어 인생을 살고 있습니다. 그런데 졸아 보세요. 육체도 그러하지만 정신도 깨어있지 않으면 자기도 다치고 남도 다치게 할 수 있습니다. 그래서 깨어있기 위해 우리가 불교 공부를 하는 것입니다. 그것도 일이 년 하다 마는 것이 아니라 죽을 때까지 한다는 마음으로 말이지요. 불교에서의 깨어있음이란 육신이 아닌 마음의 눈을 뜨라는 가르침이거든요. 그래서 매주 공부하러 한국불교대학에 가고, 또 재일에는 기도하러 大관음사에 열심히 가면 되는 것입니다. 혹시라도 시비 걸듯 '왜 절에 그렇게 자주 갑니까?' 하고 자꾸 묻거들랑 더 이상 말하지 말고 딱 한마디만 하세요.

"깨어있기 위해서 갑니다." 라고.

혹 묻는 이가 조금 아는 소리를 하거들랑 이렇게 말씀하세요.
"붓다가 되기 위해서 갑니다."

부처님, 붓다는 '깨어있음', '눈 뜸'을 말합니다. 우리 부처님께서 바로 진리의 눈을 뜨신 분이잖아요? 깨어있기 위해서, 눈을 뜨기 위해서 절에 간다…, 얼마나 멋있는 말입니까!

추억은 갈대밭에서
청솔가지에 걸린
웃는 달을 부르고 있다.
달도 그 달이요,
인심人心도 그 인심이다.
옛도 지금도 환히 트인
그 길에 서 있다.
고향 떠나
실컷 돌아다녔는가 하였더니
한 발자국도 헛디디지 아니하고
역시 그 자리에서
간잔지런하다.

『시쾌사』, 역시 그 자리, 無一 우학

'간잔지런하다'고 하는 말은 매우 가지런하다는 뜻의 순우리말입니다. 이 시는 눈만 똑바로 뜨고 있으면, 졸지 않으면 모든 것이 다 가지런하다는 말하고 있습니다.

이렇게 깨어있으면 모든 것이 여여한 바로 그 자리임을 기억하시기 바랍니다.

 心若不異심약불이 萬法一如만법일여
마음이 다르지 않으면 만법이 한결 같느니라.

차별심, 분별심을 내지 않으면 만법이 여여한 그대로입니다. 만법은 본래 한결같아서 여여부동如如不動한데 분별심 때문에 한결같음을 보지 못하니 분별심을 버리라는 말입니다.

만법이라는 것은 만 가지, 온갖 것이라고 보면 됩니다. 만법은 본래 같은데 마음 때문에 뒤틀려진다는 말입니다. 산이 높다 해서 산 스스로 '나는 높다' 하지 않습니다. 사람이 높다고 말 할 뿐이지요. 저 바다가 깊은들 바다 스스로 '나는 깊다' 하지 않습니다. 사람이 바다를 보고 깊다는 마음을 내는 것입니다. 이렇게 사람의 마음이 분별하니 천차만별이 생겨나더라는 겁니다. 반대로 차별심, 분별심만 내지 않으면 만법이 여여한 그대로라는 말이기도 하지요. 그래서 경계가 오직 마음인 것을 요달해야 한다는 말을 하는 것입니다.

분별이라 하는 것은 단견에 빠지기 쉽습니다. 단견이란 어느 한 일면만 보고 전체인 것으로 착각하는 것입니다. 장님에게 커다란 코끼리의 다리만 만지게 한 뒤 무엇인지 물어보았더니 '이런 곳에 웬 기둥이 있는가?' 합니다. 다른 장님에게 오로지 코끼리의 배만 만지게 하였더니 '천장이 참 넓기도 하군' 합니다. 또 다른 장님을 불러다 코끼리 코만 만져 보게 하였더니 '길고 굵은 대롱'이라고 말합니다. 그 장님을 보내고 또 다른 장님을 불러다 귀만 만지게 하였더니, '아이고, 그 부채 참 크다'고 말합니다. 대부분의 사람들이 이와 같습니다. 분별심 때문에 넓게 보지 못하고 오류에 빠지지요.

언젠가 독일인이 출가를 하겠다고 찾아온 적이 있었습니다. 이런저런 얘기를 하는 중에 인종차별 얘기가 나왔는데 독일에서도 인종차별을 한다는 것이었습니다. 그 옛날 못살던 때에 우리나라의 많은 사람들이 광부로, 간호사로 독일로 갔었는데 그렇게 간 사람들이 독일인들에게 황인종이라고 차별을 당했다고 해요. 그러면 미국인들은 우리 한국 사람들을 차별하지 않을까요? 미국 사람들 역시 차별합니다. 외국으로 이민가면 좋을 것 같지만 그렇지만도 않습니다.

그런데 정작 우리는 외국인에 대한 차별이 없습니까? 흑인을 두고 속된 말로 깜둥이라고 하는데 은연중 깔보는 말입니다. 여전히 중국인들이나 동남아시아인들을 보면 은근 무시합니다. 이 모두가 잘못된 분별심입니다. 외양이야 황인이다, 흑인, 백인으로 구분될지 모르나 인격에 황인, 흑인, 백인이 있겠습니까!

참좋은 어린이집을 개원할 때 많은 사람에게 물었습니다. 참좋은 어린이집에 장애 아이들도 입학하게 하는 것이 어떠하냐고 말이지요. 그러자 한결같이 하는 말이, '스님, 그렇게 하시면 일반 아이들이 입학을 안 할 겁니다' 하는 겁니다. 이것 또한 분별심, 편견입니다. 육체적으로 불편한 것이 인격적으로 장애와 비장애의 기준이 되는 것이 아닌데 말이지요. 인격적인 면에서 육체적인 장애인과 비장애인이 다를 게 뭐가 있겠어요.

마음공부를 하고 진리 공부를 하면 이렇게 하나만 보이던 것이 전체가 다 보이고, 다르게 보이던 것이 한결같아 보이는 것이지요. 우리는 늘 대상을 문제 삼는데, 사실 대상이 문제가 아니라 자기 눈에 낀 백태가 문제입니다. 그리고 그것을 얼른 걷어내야 하겠지요. 걷어내고 나면 학다리는 길어서 좋고 오리 다리는 짧아서 좋다는 생각이 들게 되어 있습니다.

만법이 본래 한결같아서 여여부동한데도 그것을 보지 못하는 것은 오직 자기 마음의 분별심 때문에 그렇더라는 거지요. 중생 마음속에 분별심만 없으면 만법이 한결같지요. 만법이 한결같다고 하는 것은 첫째로 만법의 근원, 만법의 뿌리, 만법의 바탕이 같다는 말이고, 둘째는 생명의 근원, 생명의 뿌리, 생명의 바탕은 같다는 말입니다. 그리고 셋째 온 존재의 가치가 같다는 말입니다. 즉, 가치의 뿌리, 가치의 바탕도 같다는 말입니다. 그래서 이러한 도리를 우리가 부지런히 배우려면 불교 공부를 열심히 해야 되고 그것을 몸소 체득하려면 기도해야지요. 마음이 다르지 않으면 만법이 한결같음을 우리가 요달하려면 열심히 공부하고 열심히 기도하고 열심히 참선하면 될 일이라고 했습니다.

尊者入雪山去歲 존자입설산거세
我亦入雪山現歲 아역입설산현세
放下着休一季節 방하착휴일계절
兩雪山不異完諸 양설산불이완제
尊者與吾同一體 존자여오동일체
昔與今本來解制 석여금본래해제
당신께서 설산에 드셨다기에
나도 또한 설산에 들어왔네

모든 일 놓아버리고 한철 지내고 보니
두 설산은 다르지 않아서
당신과 나 한 몸이요
옛도 지금도 본래 해제로다.

『시쾌사』, 해제시, 無一 우학

　　음력 시월 보름에서 이듬해 정월 보름까지를 동안거, 음력 사월 보름에서 칠월 보름까지를 하안거라 합니다. 결제라 하는 것은 막 안거에 들어간 것을 말하고, 안거가 끝나는 것을 해제라 합니다. 해제는 억제된 것, 묶어 놓았던 것을 자유로이 풀어놨다, 해방되었다는 뜻으로 공부를 많이 하였으니 자유로워졌다는 말이지요. 그러나 그것도 다 인위적인 말입니다. 본래로 자유로운데 스스로 구속을 하였을 뿐입니다. 본래 다 해제입니다. 본래 다 자유로운 존재들입니다.
　　이 한시에서 앞의 설산은 히말라야 설산이고 뒤의 설산은 우리나라에서 눈이 제일 많이 오는 설악산입니다. 겨울 한 철 내내 눈만 와서 설악산이란 이름이 붙었는데, 히말라야의 설산과 우리나라 설악산 이 두 설산이 다르지 않더라는 것입니다. 당신과 나도 본래 한 몸이요, 예도 지금도 본래 해제인거죠. 묶어 놓은 건 다름 아닌 자기 자신일 뿐입니다.

이처럼 마음이 다른 것 즉, 차별하는 마음, 분별하는 마음 또한 자기 자신이 그렇게 볼 뿐인 것입니다. 본래로 다르지 않습니다. 심약불이 만법일여, 마음이 다르지 않으면 만법이 한결 같은 이치, 지금보다 더 열심히 불교 공부하고 기도하면 저절로 요달하게 될 것입니다.